AF315822

LE NÉCESSAIRE

DE

L'ENREGISTREMENT,

A L'USAGE DES EMPLOYÉS DE CETTE ADMINISTRATION
ET DES NOTAIRES.

PAR A. LALOU,

Surnuméraire de l'Enregistrement et des Domaines à Saint-Omer.
(Pas-de-Calais.)

SAINT-OMER,

IMPRIMERIE DE J.-B. LEMAIRE, LITTE-RUE HAUTE, N.° 27.

Août 1825.

Vu le succès de la souscription , le prix de l'ouvrage reste fixé à
2 fr. 5o c. franc de port. Les demandes continueront d'être adres-
sées à l'Auteur et affranchies. Il sera fait remise du prix d'un
exemplaire sur 4. Les Souscripteurs qui n'ont pas payé sont priés
de le faire en affranchissant, soit en rescriptions des postes, soit en
mandats des Receveurs-Généraux.

LE NÉCESSAIRE

DE L'ENREGISTREMENT.

Le Manuel que j'ai l'honneur de présenter à MM. les Employés de l'Enregistrement et à MM. les Notaires, renferme plusieurs objets qui leur ont déjà été offerts épars, dans d'autres ouvrages, et sous différentes formes ; je n'en ai pas moins senti le besoin de leur mettre sous la main, dans un même volume, et d'une manière commode, ce qu'ils doivent si souvent consulter ; pour cela, je me suis efforcé d'être court sans rien omettre, pensant que c'était le moyen de faire quelque chose d'utile.

Les tarifs, si nécessaires pour éviter les calculs, et par conséquent les erreurs qui s'y glissent, n'ont jamais pu, pour la plupart, être mis en usage, soit parce qu'ils étaient insuffisans, soit parce que faisant partie d'ouvrages volumineux et ne s'y trouvant pas de suite, on préférait avec raison s'en passer ; c'est ce à quoi nous avons cherché à remédier : je doute cependant encore si tous sont connus.

Une chose aussi indispensable est certainement un tarif des droits d'enregistrement, par ordre alphabétique, qui dispense, ou de recourir à la loi, ou de chercher long-temps ce qu'on désire dans des dictionnaires : nous n'avons pas cru pouvoir en faire un meilleur que celui qui existe, nous espérons cependant que les retranchemens, additions, ou changemens, et surtout la brièveté du nôtre, ne le feront pas accueillir avec moins d'intérêt.

Quoiqu'il n'ait pas été annoncé, on trouvera à la suite le tarif des droits en sus et amendes.

Tarifs des 22 Droits proportionnels d'Enregistrement (Page 8).

Explication : Il y a, pour chacun de ces droits, un tarif particulier : l'idée que nous avons conçue de les faire à l'imitation de la table de Pythagore, a permis d'en restreindre de beaucoup

1.*

l'étendue ; nous avons encore préféré cette méthode, en ce qu'elle s'accordait avec la possibilité de rendre ces tarifs usuels au moyen des découpures. Il suffira d'ajouter, pour leur intelligence, que hors le cas où le droit doit être perçu sur les sommes rondes, exprimées dans la première colonne, on doit le chercher, non dans la deuxième ; mais bien dans celle portant en tête la même *fraction de centaine* que celle sur laquelle on aurait à opérer, bien entendu sur la ligne représentant les mêmes *centaines*.

Les droits de 12 c. ½, 20 c., 25 c. et 50 c. pour cent, étant juste du dixième de ceux de 1 fr. 25 c., 2 fr., 2 fr. 50 c. et 5 fr. pour cent, nous n'avons pas jugé convenable d'en grossir le volume, et en même-temps de multiplier les découpures, puisque les tarifs de ces quatre derniers droits peuvent servir pour les premiers, en retranchant de ces mêmes droits le premier chiffre à droite, et en forçant, lorsque le chiffre retranché est un 5.

Le droit de 1 pour cent a paru trop facile à obtenir pour réclamer un tarif.

Si le droit doit porter sur une somme au-dessus de 10,000 fr., il n'y a qu'une addition à faire.

Le décime sera toujours ajouté.

CALENDRIER PERPÉTUEL.

EXPLICATION:

Pour connaître le quantième du mois, on prend la lettre dominicale de l'année, on se transporte à la colonne qui y répond, le numéro de cette colonne, en regard du mois dans lequel on se trouve, renvoie alors à la colonne du dernier cadre, qui sert à donner la date demandée.

Exemple : Désire-t-on savoir à quelle date du mois tombera le deuxième mardi de janvier 1831; B est la lettre dominicale de l'année, on trouve. dans la colonne B, en regard de janvier le n.º 6 qui renvoie à la colonne du dernier cadre portant en tête le même n.º, et on voit que ce sera le 11.

* Les années bissextiles ont deux lettres dominicales ; la première sert depuis le 1.er janvier jusqu'au 29 février ; la deuxième depuis le 1.er mars jusqu'au 31 décembre. Février a alors 29 jours, parce que l'année bissextile ayant 366 jours au lieu de 365, celui excédant a été ajouté à ce mois.

		MOIS,	jours	G	F	E	D	C	B	A		
1825	B										1839	F
1826	A										1840	E D
1827	G	Janvier...	31	1	2	3	4	5	6	7	1841	C
1828	F E	Février...	28*	4	5	6	7	1	2	3	1842	B
1829	D	Mars.....	31	4	5	6	7	1	2	3	1843	A
1830	C	Avril.....	30	7	1	2	3	4	5	6	1844	G F
1831	B	Mai......	31	2	3	4	5	6	7	1	1845	E
1832	A G	Juin......	30	5	6	7	1	2	3	4	1846	D
1833	F	Juillet....	31	7	1	2	3	4	5	6	1847	C
1834	E	Août.....	31	3	4	5	6	7	1	2	1848	B A
1835	D	Septembre.	30	6	7	1	2	3	4	5	1849	G
1836	C B	Octobre...	31	1	2	3	4	5	6	7	1850	F
1837	A	Novembre.	30	4	5	6	7	1	2	3	1851	E
1838	G	Décembre.	31	6	7	1	2	3	4	5	1852	D C

1	2	3	4	5	6	7	QUANTIÈMES.				
Lundi.	Mardi.	Merc.	Jeudi.	Vend.	Sam.	Dim.	1	8	15	22	29
Mardi.	Merc.	Jeudi.	Vend.	Sam.	Dim.	Lundi.	2	9	16	23	30
Merc.	Jeudi.	Vend.	Sam.	Dim.	Lundi.	Mardi.	3	10	17	24	31
Jeudi.	Vend.	Sam.	Dim.	Lundi.	Mardi.	Merc.	4	11	18	25	»
Vend.	Sam.	Dim.	Lundi.	Mardi.	Merc.	Jeudi.	5	12	19	26	»
Sam.	Dim.	Lundi.	Mardi.	Merc.	Jeudi.	Vend.	6	13	20	27	»
Dim.	Lundi.	Mardi.	Merc.	Jeudi.	Vend.	Sam.	7	14	21	28	»

EXPLICATION:

Désirez-vous savoir à quelle date du Calendrier Grégorien correspond une date quelconque du Calendrier supprimé ? Cherchez d'abord dans le premier tableau la correspondance des mois et années ; cela une fois obtenu, portez-vous au deuxième, dans la colonne portant en tête la même lettre que

Ann. supp.	Vendém. Septemb.	Brumaire. Octobre.	Frimaire. Novemb.	Nivôse. Décemb.	Pluviôse. Janvier.	Ventôse. Février.	Germinal Mars.
2	1793 M	1793 L	1793 J	1793 I	1794 E	1794 D	1794 I
3	1794 M	1794 L	1794 J	1794 I	1795 E	1795 D	1795 I
4	1795 O	1795 N	1795 M	1795 L	1796 I	1796 G	1796 I
5	1796 M	1796 L	1796 J	1796 I	1797 E	1797 D	1797 I
6	1797 M	1797 L	1797 J	1797 I	1798 E	1798 D	1798 I
7	1798 M	1798 L	1798 J	1798 I	1799 E	1799 D	1799 I
8	1799 O	1799 N	1799 M	1799 L	1800 I	1800 H	1800 L
9	1800 O	1800 N	1800 M	1800 L	1801 I	1801 H	1801 L
10	1801 O	1801 N	1801 M	1801 L	1802 I	1802 H	1802 L
11	1802 O	1802 N	1802 M	1802 L	1803 I	1803 H	1803 L
12	1803 Q	1803 P	1803 O	1803 N	1804 L	1804 K	1804 L
13	1804 O	1804 N	1804 M	1804 L	1805 I	1805 H	1805 L
14	1805 O	1805 N	1805 M	1805 L	1806 I	1806 H	1806 L

Ann. supp.	Floréal. Avril.	Prairial. Mai.	Messidor Juin.	Thermid. Juillet.	Fructidor Août.	Jours complément. Septemb.	Nombre.
2	1794 F	1794 E	1794 C	1794 B	1794 A	1794 R	5
3	1795 F	1795 E	1795 C	1795 B	1795 A	1795 R	6
4	1796 F	1796 E	1796 C	1796 B	1796 A	1796 R	5
5	1797 F	1797 E	1797 C	1797 B	1797 A	1797 R	5
6	1798 F	1798 E	1798 C	1798 B	1798 A	1798 R	5
7	1799 F	1799 E	1799 C	1799 B	1799 A	1799 R	6
8	1800 J	1800 I	1800 F	1800 E	1800 B	1800 A	5
9	1801 J	1801 I	1801 F	1801 E	1801 B	1801 A	5
10	1802 J	1802 I	1802 F	1802 E	1802 B	1802 A	6
11	1803 J	1803 I	1803 F	1803 E	1803 B	1803 A	5
12	1804 J	1804 I	1804 F	1804 E	1804 B	1804 A	5
13	1805 J	1805 I	1805 F	1805 E	1805 B	1805 A	5
14	1806 J	1806 I	1806 F	1806 E	1806 B	1806 A	5

celle qui se trouve après l'année, la date qui sera sur la ligne de celle supprimée que vous avez à traduire, sera celle que vous voulez connaître. On remarquera que les mois changent aux astérisques *, alors si le premier tableau donne, par exemple, octobre, c'est novembre.

Au besoin, on peut rendre la conversion réciproque.

Dates supp.	A	B	C	D	E	F	G	H	I	J	K	L	M	N	O	P	Q	R
1	18	19	19	19	20	20	20	20	21	21	21	22	22	23	23	24	24	17
2	19	20	20	20	21	21	21	21	22	22	22	23	23	24	24	25	25	18
3	20	21	21	21	22	22	22	22	23	23	23	24	24	25	25	26	26	19
4	21	22	22	22	23	23	23	23	24	24	24	25	25	26	26	27	27	20
5	22	23	23	23	24	24	24	24	25	25	25	26	26	27	27	28	28	21
6	23	24	24	24	25	25	25	25	26	26	26	27	27	28	28	29	29	22
7	24	25	25	25	26	26	26	26	27	27	27	28	28	29	29	30	30	»
8	25	26	26	26	27	27	27	27	28	28	28	29	29	30	30	31	*1	»
9	26	27	27	27	28	28	28	28	29	29	29	30	30	31	*1	*1	2	»
10	27	28	28	28	29	29	29	*1	30	30	*1	31	*1	*1	2	2	3	»
11	28	29	29	*1	30	30	*1	2	31	*1	2	*1	2	2	3	3	4	»
12	29	30	30	2	31	*1	2	3	*1	2	3	2	3	3	4	4	5	»
13	30	31	*1	3	*1	2	3	4	2	3	4	3	4	4	5	5	6	»
14	31	*1	2	4	2	3	4	5	3	4	5	4	5	5	6	6	7	»
15	*1	2	3	5	3	4	5	6	4	5	6	5	6	6	7	7	8	»
16	2	3	4	6	4	5	6	7	5	6	7	6	7	7	8	8	9	»
17	3	4	5	7	5	6	7	8	6	7	8	7	8	8	9	9	10	»
18	4	5	6	8	6	7	8	9	7	8	9	8	9	9	10	10	11	»
19	5	6	7	9	7	8	9	10	8	9	10	9	10	10	11	11	12	»
20	6	7	8	10	8	9	10	11	9	10	11	10	11	11	12	12	13	»
21	7	8	9	11	9	10	11	12	10	11	12	11	12	12	13	13	14	»
22	8	9	10	12	10	11	12	13	11	12	13	12	13	13	14	14	15	»
23	9	10	11	13	11	12	13	14	12	13	14	13	14	14	15	15	16	»
24	10	11	12	14	12	13	14	15	13	14	15	14	15	15	16	16	17	»
25	11	12	13	15	13	14	15	16	14	15	16	15	16	16	17	17	18	»
26	12	13	14	16	14	15	16	17	15	16	17	16	17	17	18	18	19	»
27	13	14	15	17	15	16	17	18	16	17	18	17	18	18	19	19	20	»
28	14	15	16	18	16	17	18	19	17	18	19	18	19	19	20	20	21	»
29	15	16	17	19	17	18	19	20	18	19	20	19	20	20	21	21	22	»
30	16	17	18	20	18	19	20	21	19	20	21	20	21	21	22	22	23	»

SOMMES.	DROITS.	20 F.s	40 F.s	60 F.s	80 F.s
fr.	fr. c.	» 13	» 25	» 38	» 50
100	» 63	» 75	» 88	1 »	1 13
200	1 25	1 38	1 50	1 63	1 75
300	1 88	2 »	2 13	2 25	2 38
400	2 50	2 63	2 75	2 88	3 »
500	3 13	3 25	3 38	3 50	3 63
600	3 75	3 88	4 »	4 13	4 25
700	4 38	4 50	4 63	4 75	4 88
800	5 »	5 13	5 25	5 38	5 50
900	5 63	5 75	5 88	6 »	6 13
1000	6 25	6 38	6 50	6 63	6 75
1100	6 88	7 »	7 13	7 25	7 38
1200	7 50	7 63	7 75	7 88	8 »
1300	8 13	8 25	8 38	8 50	8 63
1400	8 75	8 88	9 »	9 13	9 25
1500	9 38	9 50	9 63	9 75	9 88
1600	10 »	10 13	10 25	10 38	10 50
1700	10 63	10 75	10 88	11 »	11 13
1800	11 25	11 38	11 50	11 63	11 75
1900	11 88	12 »	12 13	12 25	12 38
2000	12 50	12 63	12 75	12 88	13 »
2100	13 13	13 25	13 38	13 50	13 63
2200	13 75	13 88	14 »	14 13	14 25
2300	14 38	14 50	14 63	14 75	14 88
2400	15 »	15 13	15 25	15 38	15 50
2500	15 63	15 75	15 88	16 »	16 13
2600	16 25	16 38	16 50	16 63	16 75
2700	16 88	17 »	17 13	17 25	17 38
2800	17 50	17 63	17 75	17 88	18 »
2900	18 13	18 25	18 38	18 50	18 63
3000	18 75	18 88	19 »	19 13	19 25
3100	19 38	19 50	19 63	19 75	19 88
3200	20 »	20 13	20 25	20 38	20 50
3300	20 63	20 75	20 88	21 »	21 13
3400	21 25	21 38	21 50	21 63	21 75
3500	21 88	22 »	22 13	22 25	22 38
3600	22 50	22 63	22 75	22 88	23 »
3700	23 13	23 25	23 38	23 50	23 63
3800	23 75	23 88	24 »	24 13	24 25
3900	24 38	24 50	24 63	24 75	24 88
4000	25 »	25 13	25 25	25 38	25 50
4100	25 63	25 75	25 88	26 »	26 13
4200	26 25	26 38	26 50	26 63	26 75
4300	26 88	27 »	27 13	27 25	27 38
4400	27 50	27 63	27 75	27 88	28 »
4500	28 13	28 25	28 38	28 50	28 63
4600	28 75	28 88	29 »	29 13	29 25
4700	29 38	29 56	29 63	29 75	29 88
4800	30 »	30 13	30 25	30 38	30 50
4900	30 63	30 75	30 88	31 »	31 13

SOMMES.	DROITS.		20 F.ˢ		40 F.ˢ		60 F.ˢ		80 F.ˢ	
5000	31	25	31	38	31	50	31	63	31	75
5100	31	88	32	»	32	13	32	25	32	38
5200	32	50	32	63	32	75	32	88	33	»
5300	33	13	33	25	33	38	33	50	33	63
5400	33	75	33	88	34	»	34	13	34	25
5500	34	38	34	50	34	63	34	75	34	88
5600	35	»	35	13	35	25	35	38	35	50
5700	35	63	35	75	35	88	36	»	36	13
5800	36	25	36	38	36	50	36	63	36	75
5900	36	88	37	»	37	13	37	25	37	38
6000	37	50	37	63	37	75	37	88	38	»
6100	38	13	38	25	38	38	38	50	38	63
6200	38	75	38	88	39	»	39	13	39	25
6300	39	38	39	50	39	63	39	75	39	88
6400	40	»	40	13	40	25	40	38	40	50
6500	40	63	40	75	40	88	41	»	41	13
6600	41	25	41	38	41	50	41	63	41	75
6700	41	88	42	»	42	13	42	25	42	38
6800	42	50	42	63	42	75	42	88	43	»
6900	43	13	43	25	43	38	43	50	43	63
7000	43	75	43	88	44	»	44	13	44	25
7100	44	38	44	50	44	63	44	75	44	88
7200	45	»	45	13	45	25	45	38	45	50
7300	45	63	45	75	45	88	46	»	46	13
7400	46	25	46	38	46	50	46	63	46	75
7500	46	88	47	»	47	13	47	25	47	38
7600	47	50	47	63	47	75	47	88	48	»
7700	48	13	48	25	48	38	48	50	48	63
7800	48	75	48	88	49	»	49	13	49	25
7900	49	38	49	50	49	63	49	75	49	88
8000	50	»	50	13	50	25	50	38	50	50
8100	50	63	50	75	50	88	51	»	51	13
8200	51	25	51	38	51	50	51	63	51	75
8300	51	88	52	»	52	13	52	25	52	38
8400	52	50	52	63	52	75	52	88	53	»
8500	53	13	53	25	53	38	53	50	53	63
8600	53	75	53	88	54	»	54	13	54	25
8700	54	38	54	50	54	63	54	75	54	88
8800	55	»	55	13	55	25	55	38	55	50
8900	55	63	55	75	55	88	56	»	56	13
9000	56	25	56	38	56	50	56	63	56	75
9100	56	88	57	»	57	13	57	25	57	38
9200	57	50	57	63	57	75	57	88	58	»
9300	58	13	58	25	53	38	58	50	58	63
9400	58	75	58	88	59	»	59	13	59	25
9500	59	38	59	50	59	63	59	75	59	88
9600	60	»	60	13	60	25	60	38	60	50
9700	60	63	60	75	60	88	61	»	61	13
9800	61	25	61	38	61	50	61	63	61	75
9900	61	88	62	13	62	13	62	25	62	38

SOMMES.	DROITS.		20 F.s		40 F.s		60 F.s		80 F.s	
fr.	fr.	c.	»	15	»	30	»	45	»	60
100	»	75	»	90	1	5	1	20	1	35
200	1	50	1	65	1	80	1	95	2	10
300	2	25	2	40	2	55	2	70	2	85
400	3	»	3	15	3	30	3	45	3	60
500	3	75	3	90	4	5	4	20	4	35
600	4	50	4	65	4	80	4	95	5	10
700	5	25	5	40	5	55	5	70	5	85
800	6	»	6	15	6	30	6	45	6	60
900	6	75	6	90	7	5	7	20	7	35
1000	7	50	7	65	7	80	7	95	8	10
1100	8	25	8	40	8	55	8	70	8	85
1200	9	»	9	15	9	30	9	45	9	60
1300	9	75	9	90	10	5	10	20	10	35
1400	10	50	10	65	10	80	10	95	11	10
1500	11	25	11	40	11	55	11	70	11	85
1600	12	»	12	15	12	30	12	45	12	60
1700	12	75	12	90	13	5	13	20	13	35
1800	13	50	13	65	13	80	13	95	14	10
1900	14	25	14	40	14	55	14	70	14	85
2000	15	»	15	15	15	30	15	45	15	60
2100	15	75	15	90	16	5	16	20	16	35
2200	16	50	16	65	16	80	16	95	17	10
2300	17	25	17	40	17	55	17	70	17	85
2400	18	»	18	15	18	30	18	45	18	60
2500	18	75	18	90	19	5	19	20	19	35
2600	19	50	19	65	19	80	19	95	20	10
2700	20	25	20	40	20	55	20	70	20	85
2800	21	»	21	15	21	30	21	45	21	60
2900	21	75	21	90	22	5	22	20	22	35
3000	22	50	22	65	22	80	22	95	23	10
3100	23	25	23	40	23	55	23	70	23	85
3200	24	»	24	15	24	30	24	45	24	60
3300	24	75	24	90	25	5	25	20	25	35
3400	25	50	25	65	25	80	25	95	26	10
3500	26	25	26	40	26	55	26	70	26	85
3600	27	»	27	15	27	30	27	45	27	60
3700	27	75	27	90	28	5	28	20	28	35
3800	28	50	28	65	28	80	28	95	29	10
3900	29	25	29	40	29	55	29	70	29	85
4000	30	»	30	15	30	30	30	45	30	60
4100	30	75	30	90	31	5	31	20	31	35
4200	31	50	31	65	31	80	31	95	32	10
4300	32	25	32	40	32	55	32	70	32	85
4400	33	»	33	15	33	30	33	45	33	60
4500	33	75	33	90	34	5	34	20	34	35
4600	34	50	34	65	34	80	34	95	35	10
4700	35	25	35	40	35	55	35	70	35	85
4800	36	»	36	15	36	30	36	45	36	60
4900	36	75	36	90	37	5	37	20	37	35

SOMMES.	DROITS.		20 F.s		40 F.s		60 F.s		80 F.s	
5000	37	50	37	65	37	80	37	95	38	10
5100	38	25	38	40	38	55	38	70	38	85
5200	39	»	39	15	39	30	39	45	39	60
5300	39	75	39	90	40	5	40	20	40	35
5400	40	50	40	65	40	80	40	95	41	10
5500	41	25	41	40	41	55	41	70	41	85
5600	42	»	42	15	42	30	42	45	42	60
5700	42	75	42	90	43	5	43	20	43	35
5800	43	50	43	65	43	80	43	95	44	10
5900	44	25	44	40	44	55	44	70	44	85
6000	45	»	45	15	45	30	45	45	45	60
6100	45	75	45	90	46	5	46	20	46	35
6200	46	50	46	65	46	80	46	95	47	10
6300	47	25	47	40	47	55	47	70	47	85
6400	48	»	48	15	48	30	48	45	48	60
6500	48	75	48	90	49	5	49	20	49	35
6600	49	50	49	65	49	80	49	95	50	10
6700	50	25	50	40	51	30	51	45	51	60
6800	51	»	51	15	51	30	51	45	51	60
6900	51	75	51	90	52	5	52	20	52	35
7000	52	50	52	65	52	80	52	95	53	10
7100	53	25	53	40	53	55	53	70	53	85
7200	54	»	54	15	54	30	54	45	54	60
7300	54	75	54	90	55	5	55	20	55	35
7400	55	50	55	65	55	80	55	95	56	10
7500	56	25	56	40	56	55	56	70	56	85
7600	57	»	57	15	57	30	57	45	57	60
7700	57	75	57	90	58	5	58	20	58	35
7800	58	50	58	65	58	80	58	95	59	10
7900	59	25	59	40	59	55	59	70	59	85
8000	60	»	60	15	60	30	60	45	60	60
8100	60	75	60	90	61	5	61	20	61	35
8200	61	50	61	65	61	80	61	95	62	10
8300	62	25	62	40	62	55	62	70	62	85
8400	63	»	63	15	63	30	63	45	63	60
8500	63	75	63	90	64	5	64	20	64	35
8600	64	50	64	65	64	80	64	95	65	10
8700	65	25	65	40	65	55	65	70	65	85
8800	66	»	66	15	66	30	66	45	66	60
8900	66	75	66	90	67	5	67	20	67	35
9000	67	50	67	65	67	80	67	95	68	10
9100	68	25	68	40	68	55	68	70	68	85
9200	69	»	69	15	69	30	69	45	69	60
9300	69	75	69	90	70	5	70	20	70	35
9400	70	50	70	65	70	80	70	95	71	10
9500	71	25	71	40	71	55	71	70	71	85
9600	72	»	72	15	72	30	72	45	72	60
9700	72	75	72	90	73	5	73	20	73	35
9800	73	50	73	65	73	80	73	95	74	10
9900	74	25	74	40	74	55	74	70	74	85

SOMMES	DROITS.		20 F.ᵉ		40 F.ᵉ		60 F.ᵉ		80 F.ᵉ	
fr.	fr.	c.	»	25	»	50	»	75	1	»
100	1	25	1	50	1	75	2	»	2	25
200	2	50	2	75	3	»	3	25	3	50
300	3	75	4	»	4	25	4	50	4	75
400	5	»	5	25	5	50	5	75	6	»
500	6	25	6	50	6	75	7	»	7	25
600	7	50	7	75	8	»	8	25	8	50
700	8	75	9	»	9	25	9	50	9	75
800	10	»	10	25	10	50	10	75	11	»
900	11	25	11	50	11	75	12	»	12	25
1000	12	50	12	75	13	»	13	25	13	50
1100	13	75	14	»	14	25	14	50	14	75
1200	15	»	15	25	15	50	15	75	16	»
1300	16	25	16	50	16	75	17	»	17	25
1400	17	50	17	75	18	»	18	25	18	50
1500	18	75	19	»	19	25	19	50	19	75
1600	20	»	20	25	20	50	20	75	21	»
1700	21	25	21	50	21	75	22	»	22	25
1800	22	50	22	75	23	»	23	25	23	50
1900	23	75	24	»	24	25	24	50	24	75
2000	25	»	25	25	25	50	25	75	26	»
2100	26	25	26	50	26	75	27	»	27	25
2200	27	50	27	75	28	»	28	25	28	50
2300	28	75	29	»	29	25	29	50	29	75
2400	30	»	30	25	30	50	30	75	31	»
2500	31	25	31	50	31	75	32	»	32	25
2600	32	50	32	75	33	»	33	25	33	50
2700	33	75	34	»	34	25	34	50	34	75
2800	35	»	35	25	35	50	35	75	36	»
2900	36	25	36	50	36	75	37	»	37	25
3000	37	50	37	75	38	»	38	25	38	50
3100	38	75	39	»	39	25	39	50	39	75
3200	40	»	40	25	40	50	40	75	41	»
3300	41	25	41	50	41	75	42	»	42	25
3400	42	50	42	75	43	»	43	25	43	50
3500	43	75	44	»	44	25	44	50	44	75
3600	45	»	45	25	45	50	45	75	46	»
3700	46	25	46	50	46	75	47	»	47	25
3800	47	50	47	75	48	»	48	25	48	50
3900	48	75	49	»	49	25	49	50	49	75
4000	50	»	50	25	50	50	50	75	51	»
4100	51	25	51	50	51	75	52	»	52	25
4200	52	50	52	75	53	»	53	25	53	50
4300	53	75	54	»	54	25	54	50	54	75
4400	55	»	55	25	55	50	55	75	56	»
4500	56	25	56	50	56	75	57	»	57	25
4600	57	50	57	75	58	»	58	25	58	50
4700	58	75	59	»	59	25	59	50	59	75
4800	60	»	60	25	60	50	60	75	61	»
4900	61	25	61	50	61	75	62	»	62	25

SOMMES.	DROITS.		20 F.s		40 F.s		60 F.s		80 F.s	
5000	62	50	62	75	63	»	63	25	63	50
5100	63	75	64	»	64	25	64	50	64	75
5200	65	»	65	25	65	50	65	75	66	»
5300	66	25	66	50	66	75	67	»	67	25
5400	67	50	67	75	68	»	68	25	68	50
5500	68	75	69	»	69	25	69	50	69	75
5600	70	»	70	25	70	50	70	75	71	»
5700	71	25	71	50	71	75	72	»	72	25
5800	72	50	72	75	73	»	73	25	73	50
5900	73	75	74	»	74	25	74	50	74	75
6000	75	»	75	25	75	50	75	75	76	»
6100	76	25	76	50	76	75	77	»	77	25
6200	77	50	77	75	78	»	78	25	78	50
6300	78	75	79	»	79	25	79	50	79	75
6400	80	»	80	25	80	50	80	75	81	»
6500	81	25	81	50	81	75	82	»	82	25
6600	82	50	82	75	83	»	83	25	83	50
6700	83	75	84	»	84	25	84	50	84	75
6800	85	»	85	25	85	50	85	75	86	»
6900	86	25	86	50	86	75	87	»	87	25
7000	87	50	87	75	88	»	88	25	88	50
7100	88	75	89	»	89	25	89	50	89	75
7200	90	»	90	25	90	50	90	75	91	»
7300	91	25	91	50	91	75	92	»	92	25
7400	92	50	92	75	93	»	93	25	93	50
7500	93	75	94	»	94	25	94	50	94	75
7600	95	»	95	25	95	50	95	75	96	»
7700	96	25	96	50	96	75	97	»	97	25
7800	97	50	97	75	98	»	98	25	98	50
7900	98	75	99	»	99	25	99	50	99	75
8000	100	»	100	25	100	50	100	75	101	»
8100	101	25	101	50	101	75	102	»	102	25
8200	102	50	102	75	103	»	103	25	103	50
8300	103	75	104	»	104	25	104	50	104	75
8400	105	»	105	25	105	50	105	75	106	»
8500	106	25	106	50	106	75	107	»	107	25
8600	107	50	107	75	108	»	108	25	108	50
8700	108	75	109	»	109	25	109	50	109	75
8800	110	»	110	25	110	50	110	75	111	»
8900	111	25	111	50	111	75	112	»	112	25
9000	112	50	112	75	113	»	113	25	113	50
9100	113	75	114	»	114	25	114	50	114	75
9200	115	»	115	25	115	50	115	75	116	»
9300	116	25	116	50	116	75	117	»	117	25
9400	117	50	117	75	118	»	118	25	118	50
9500	118	75	119	»	119	25	119	50	119	75
9600	120	»	120	25	120	50	120	75	121	»
9700	121	25	121	50	121	75	122	»	122	25
9800	122	50	122	75	123	»	123	25	123	50
9900	123	75	124	»	124	25	124	50	124	75

SOMMES.	DROITS.		20 F.s		40 F.s		60 F.s		80 F.s	
fr.	fr.	c.	»	30	»	60	»	90	1	20
100	1	50	1	80	2	10	2	40	2	70
200	3	»	3	30	3	60	3	90	4	20
300	4	50	4	80	5	10	5	40	5	70
400	6	»	6	30	6	60	6	90	7	20
500	7	50	7	80	8	10	8	40	8	70
600	9	»	9	30	9	60	9	90	10	20
700	10	50	10	80	11	10	11	40	11	70
800	12	»	12	30	12	60	12	90	13	20
900	13	50	13	80	14	10	14	40	14	70
1000	15	»	15	30	15	60	15	90	16	20
1100	16	50	16	80	17	10	17	40	17	70
1200	18	»	18	30	18	60	18	90	19	20
1300	19	50	19	80	20	10	20	40	20	70
1400	21	»	21	30	21	60	21	90	22	20
1500	22	50	22	80	23	10	23	40	23	70
1600	24	»	24	30	24	60	24	90	25	20
1700	25	50	25	80	26	10	26	40	26	70
1800	27	»	27	30	27	60	27	90	28	20
1900	28	50	28	80	29	10	29	40	29	70
2000	30	»	30	30	30	60	30	90	31	20
2100	31	50	31	80	32	10	32	40	32	70
2200	33	»	33	30	33	60	33	90	34	20
2300	34	50	34	80	35	10	35	40	35	70
2400	36	»	36	30	36	60	36	90	37	20
2500	37	50	37	80	38	10	38	40	38	70
2600	39	»	39	30	39	60	39	90	40	20
2700	40	50	40	80	41	10	41	40	41	70
2800	42	»	42	30	42	60	42	90	43	20
2900	43	50	43	80	44	10	44	40	44	70
3000	45	»	45	30	45	60	45	90	46	20
3100	46	50	46	80	47	10	47	40	47	70
3200	48	»	48	30	48	60	48	90	49	20
3300	49	50	49	80	50	10	50	40	50	70
3400	51	»	51	30	51	60	51	90	52	20
3500	52	50	52	80	53	10	53	40	53	70
3600	54	»	54	30	54	60	54	90	55	20
3700	55	50	55	80	56	10	56	40	56	70
3800	57	»	57	30	57	60	57	90	58	20
3900	58	50	58	80	59	10	59	40	59	70
4000	60	»	60	30	60	60	60	90	61	20
4100	61	50	61	80	62	10	62	40	62	70
4200	63	»	63	30	63	60	63	90	64	20
4300	64	50	64	80	65	10	65	40	65	70
4400	66	»	66	30	66	60	66	90	67	20
4500	67	50	67	80	68	10	68	40	68	70
4600	69	»	69	30	69	60	69	90	70	20
4700	70	50	70	80	71	10	71	40	71	70
4800	72	»	72	30	72	60	72	90	73	20
4900	73	50	73	80	74	10	74	40	74	70

SOMMES.	DROITS.	20 F.s	40 F.s	60 F.s	80 F.s
5000	75 »	75 30	75 60	75 90	76 20
5100	76 50	76 80	77 10	77 40	77 70
5200	78 »	78 30	78 60	78 90	79 20
5300	79 50	79 80	80 10	80 40	80 70
5400	81 »	81 30	81 60	81 90	82 20
5500	82 50	82 80	83 10	83 40	83 70
5600	84 »	84 30	84 60	84 90	85 20
5700	85 50	85 80	86 10	86 40	86 70
5800	87 »	87 30	87 60	87 90	88 20
5900	88 50	88 80	89 10	89 40	89 70
6000	90 »	90 30	90 60	90 90	91 20
6100	91 50	91 80	92 10	92 40	92 70
6200	93 »	93 30	93 60	93 90	94 20
6300	94 50	94 80	95 10	95 40	95 70
6400	96 »	96 30	96 60	96 90	97 20
6500	97 50	97 80	98 10	98 40	98 70
6600	99 »	99 30	99 60	99 90	100 20
6700	100 50	100 80	101 10	101 40	101 70
6800	102 »	102 30	102 60	102 90	103 20
6900	103 50	103 80	104 10	104 40	104 70
7000	105 »	105 30	105 60	105 90	106 20
7100	106 50	106 80	107 10	107 40	107 70
7200	108 »	108 30	108 60	108 90	109 20
7300	109 50	109 80	110 10	110 40	110 70
7400	111 »	111 30	111 60	111 90	112 20
7500	112 50	112 80	113 10	113 40	113 70
7600	114 »	114 30	114 60	114 90	115 20
7700	115 50	115 80	116 10	116 40	116 70
7800	117 »	117 30	117 60	117 90	118 20
7900	118 50	118 80	119 10	119 40	119 70
8000	120 »	120 30	120 60	120 90	121 20
8100	121 50	121 80	122 10	122 40	122 70
8200	123 »	123 30	123 60	123 90	124 20
8300	124 50	124 80	125 10	125 40	125 70
8400	126 »	126 30	126 60	126 90	127 20
8500	127 50	127 80	128 10	128 40	128 70
8600	129 »	129 30	129 60	129 90	130 20
8700	130 50	130 80	131 10	131 40	131 70
8800	132 »	132 30	132 60	132 90	133 20
8900	133 50	133 80	134 10	134 40	134 70
9000	135 »	135 30	135 60	135 90	136 20
9100	136 50	136 80	137 10	137 40	137 70
9200	138 »	138 30	138 60	138 90	139 20
9300	139 50	139 80	140 10	140 40	140 70
9400	141 »	141 30	141 60	141 90	142 20
9500	142 50	142 80	143 10	143 40	143 70
9600	144 »	144 30	144 60	144 90	145 20
9700	145 50	145 80	146 10	146 40	146 70
9800	147 »	147 30	147 60	147 90	148 20
9900	148 50	148 80	149 10	149 40	149 70

SOMMES.	DROITS.	20 F.s	40 F.s	60 F.s	80 F.s
fr.	fr. c.	» 35	» 70	1 5	1 40
100	1 75	2 10	2 45	2 80	3 15
200	3 50	3 85	4 20	4 55	4 90
300	5 25	5 60	5 95	6 30	6 65
400	7 »	7 35	7 70	8 5	8 40
500	8 75	9 10	9 45	9 80	10 15
600	10 50	10 85	11 20	11 55	11 90
700	12 25	12 60	12 95	13 30	13 65
800	14 »	14 35	14 70	15 5	15 40
900	15 75	16 10	16 45	16 80	17 15
1000	17 50	17 85	18 20	18 55	18 90
1100	19 25	19 60	19 95	20 30	20 65
1200	21 »	21 35	21 70	22 5	22 40
1300	22 75	23 10	23 45	23 80	24 15
1400	24 50	24 85	25 20	25 55	25 90
1500	26 25	26 60	26 95	27 30	27 65
1600	28 »	28 35	28 70	29 5	29 40
1700	29 75	30 10	30 45	30 80	31 15
1800	31 50	31 85	32 20	32 55	32 90
1900	33 25	33 60	33 95	34 30	34 65
2000	35 »	35 35	35 70	36 5	36 40
2100	36 75	37 10	37 45	37 80	38 15
2200	38 50	38 85	39 20	39 55	39 90
2300	40 25	40 60	40 95	41 30	41 65
2400	42 »	42 35	42 70	43 5	43 40
2500	43 75	44 10	44 45	44 80	45 15
2600	45 50	45 85	46 20	46 55	46 90
2700	47 25	47 60	47 95	48 30	48 65
2800	49 »	49 35	49 70	50 5	50 40
2900	50 75	51 10	51 45	51 80	52 15
3000	52 50	52 85	53 20	53 55	53 90
3100	54 25	54 60	54 95	55 30	55 65
3200	56 »	56 35	56 70	57 5	57 40
3300	57 75	58 10	58 45	58 80	59 15
3400	59 50	59 85	60 20	60 55	60 90
3500	61 25	61 60	61 95	62 30	62 65
3600	63 »	63 35	63 70	64 5	64 40
3700	64 75	65 10	65 45	65 80	66 15
3800	66 50	66 85	67 20	67 55	67 90
3900	68 25	68 60	68 95	69 30	69 65
4000	70 »	70 35	70 70	71 5	71 40
4100	71 75	72 10	72 45	72 80	73 15
4200	73 50	73 85	74 20	74 55	74 90
4300	75 25	75 60	75 95	76 30	76 65
4400	77 »	77 35	77 70	78 5	78 40
4500	78 75	79 10	79 45	79 80	80 15
4600	80 50	80 85	81 20	81 55	81 90
4700	82 25	82 60	82 95	83 30	83 65
4800	84 »	84 35	84 70	85 5	85 40
4900	85 75	86 10	86 45	86 80	87 15

SOMMES.	DROITS.	20 F.ˢ	40 F.ˢ	60 F.ˢ	80 F.ˢ
5000	87 50	87 85	88 20	88 55	88 90
5100	89 25	89 60	89 95	90 30	90 65
5200	91 »	91 35	91 70	92 5	92 40
5300	92 75	93 10	93 45	93 80	94 15
5400	94 50	94 85	95 20	95 55	95 90
5500	96 25	96 60	96 95	97 30	97 65
5600	98 »	98 35	98 70	99 5	99 40
5700	99 75	100 10	100 45	100 80	101 15
5800	101 50	101 85	102 20	102 55	102 90
5900	103 25	103 60	103 95	104 30	104 65
6000	105 »	105 35	105 70	106 5	106 40
6100	106 75	107 10	107 45	107 80	108 15
6200	108 50	108 85	109 20	109 55	109 90
6300	110 25	110 60	110 95	111 30	111 65
6400	112 »	112 35	112 70	113 5	113 40
6500	113 75	114 10	114 45	114 80	115 15
6600	115 50	115 85	116 20	116 55	116 90
6700	117 25	117 60	117 95	118 30	118 65
6800	119 »	119 35	119 70	120 5	120 40
6900	120 75	121 10	121 45	121 80	122 15
7000	122 50	122 85	123 20	123 55	123 90
7100	124 25	124 60	124 95	125 30	125 65
7200	126 »	126 35	126 70	127 5	127 40
7300	127 75	128 10	128 45	128 80	129 15
7400	129 50	129 85	130 20	130 55	130 90
7500	131 25	131 60	131 95	132 30	132 65
7600	133 »	133 35	133 70	134 5	134 40
7700	134 75	135 10	135 45	135 80	136 15
7800	136 50	136 85	137 20	137 55	137 90
7900	138 25	138 60	138 95	139 30	139 65
8000	140 »	140 35	140 70	141 5	141 40
8100	141 75	142 10	142 45	142 80	143 15
8200	143 50	143 85	144 20	144 55	144 90
8300	145 25	145 60	145 95	146 30	146 65
8400	147 »	147 35	147 70	148 5	148 40
8500	148 75	149 10	149 45	149 80	150 15
8600	150 50	150 85	151 20	151 55	151 90
8700	152 25	152 60	152 95	153 30	153 65
8800	154 »	154 35	154 70	155 5	155 40
8900	155 75	156 10	156 45	156 80	157 15
9000	157 50	157 85	158 20	158 55	158 90
9100	159 25	159 60	159 95	160 30	160 65
9200	161 »	161 35	161 70	162 5	162 40
9300	162 75	163 10	163 45	163 80	164 15
9400	164 50	164 85	165 20	165 55	165 90
9500	166 25	166 60	166 95	167 30	167 65
9600	168 »	168 35	168 70	169 5	169 40
9700	169 75	170 10	170 45	170 80	171 15
9800	171 50	171 85	172 20	172 55	172 90
9900	173 25	173 60	173 95	174 30	174 65

SOMMES.	DROITS.	20 F.s	40 F.s	60 F.s	80 F.s
fr.	fr. c.	» 40	» 80	1 20	1 60
100	2 »	2 40	2 80	3 20	3 60
200	4 »	4 40	4 80	5 20	5 60
300	6 »	6 40	6 80	7 20	7 60
400	8 »	8 40	8 80	9 20	9 60
500	10 »	10 40	10 80	11 20	11 60
600	12 »	12 40	12 80	13 20	13 60
700	14 »	14 40	14 80	15 20	15 60
800	16 »	16 40	16 80	17 20	17 60
900	18 »	18 40	18 80	19 20	19 60
1000	20 »	20 40	20 80	21 20	21 60
1100	22 »	22 40	22 80	23 20	23 60
1200	24 »	24 40	24 80	25 20	25 60
1300	26 »	26 40	26 80	27 20	27 60
1400	28 »	28 40	28 80	29 20	29 60
1500	30 »	30 40	30 80	31 20	31 60
1600	32 »	32 40	32 80	33 20	33 60
1700	34 »	34 40	34 80	35 20	35 60
1800	36 »	36 40	36 80	37 20	37 60
1900	38 »	38 40	38 80	39 20	39 60
2000	40 »	40 40	40 80	41 20	41 60
2100	42 »	42 40	42 80	43 20	43 60
2200	44 »	44 40	44 80	45 20	45 60
2300	46 »	46 40	46 80	47 20	47 60
2400	48 »	48 40	48 80	49 20	49 60
2500	50 »	50 40	50 80	51 20	51 60
2600	52 »	52 40	52 80	53 20	53 60
2700	54 »	54 40	54 80	55 20	55 60
2800	56 »	56 40	55 80	57 20	57 60
2900	58 »	58 40	58 80	59 20	59 60
3000	60 »	60 40	60 80	61 20	61 60
3100	62 »	62 40	62 80	63 20	63 60
3200	64 »	64 40	64 80	65 20	65 60
3300	66 »	66 40	66 80	67 20	67 60
3400	68 »	68 40	68 80	69 20	69 60
3500	70 »	70 40	70 80	71 20	71 60
3600	72 »	72 40	72 80	73 20	73 60
3700	74 »	74 40	74 80	75 20	75 60
3800	76 »	76 40	76 80	77 20	77 60
3900	78 »	78 40	78 80	79 20	79 60
4000	80 »	80 40	80 80	81 20	81 60
4100	82 »	82 40	82 80	83 20	83 60
4200	84 »	84 40	84 80	85 20	85 60
4300	86 »	86 40	86 80	87 20	87 60
4400	88 »	88 40	88 80	89 20	89 60
4500	90 »	90 40	90 80	91 20	91 60
4600	92 »	92 40	92 80	93 20	93 60
4700	94 »	94 40	94 80	95 20	95 60
4800	96 »	96 40	96 80	97 20	97 60
4900	98 »	98 40	98 80	99 20	99 60

SOMMES.	DROITS.	20 F.ˢ	40 F.ˢ	60 F.ˢ	80 F.ˢ
5000	100 »	100 40	100 80	101 20	101 60
5100	102 »	102 40	102 80	103 20	103 60
5200	104 »	104 40	104 80	105 20	105 60
5300	106 »	106 40	106 80	107 20	107 60
5400	108 »	108 40	108 80	109 20	109 60
5500	110 »	110 40	110 80	111 20	111 60
5600	112 »	112 40	112 80	113 20	113 60
5700	114 »	114 40	114 80	115 20	115 60
5800	116 »	116 40	116 80	117 20	117 60
5900	118 »	118 40	118 80	119 20	119 60
6000	120 »	120 40	120 80	121 20	121 60
6100	122 »	122 40	122 80	123 20	123 60
6200	124 »	124 40	124 80	125 20	125 60
6300	126 »	126 40	126 80	127 20	127 60
6400	128 »	128 40	128 80	129 20	129 60
6500	130 »	130 40	130 80	131 20	131 60
6600	132 »	132 40	132 80	133 20	133 60
6700	134 »	134 40	134 80	135 20	135 60
6800	136 »	136 40	136 80	137 20	137 60
6900	138 »	138 40	138 80	139 20	139 60
7000	140 »	140 40	140 80	141 20	141 60
7100	142 »	142 40	142 80	143 20	143 60
7200	144 »	144 40	144 80	145 20	145 60
7300	146 »	146 40	146 80	147 20	147 60
7400	148 »	148 40	148 80	149 20	149 60
7500	150 »	150 40	150 80	151 20	151 60
7600	152 »	152 40	152 80	153 20	153 60
7700	154 »	154 40	154 80	155 20	155 60
7800	156 »	156 40	156 80	157 20	157 60
7900	158 »	158 40	158 80	159 20	159 60
8000	160 »	160 40	160 80	161 20	161 60
8100	162 »	162 40	162 80	163 20	163 60
8200	164 »	164 40	164 80	165 20	165 60
8300	166 »	166 40	168 80	169 20	169 60
8400	168 »	168 40	168 80	171 20	171 60
8500	170 »	170 40	170 80	171 20	173 60
8600	172 »	172 40	172 80	173 20	173 60
8700	174 »	174 40	174 80	175 20	175 60
8800	176 »	176 40	176 80	177 20	177 60
8900	178 »	178 40	178 80	179 20	179 60
9000	180 »	180 40	180 80	181 20	181 60
9100	182 »	182 40	182 80	183 20	183 60
9200	184 »	184 40	184 80	185 20	185 60
9300	186 »	186 40	188 80	189 20	189 60
9400	188 »	188 40	188 80	191 20	191 60
9500	190 »	190 40	190 80	191 20	193 60
9600	192 »	192 40	192 80	193 20	193 60
9700	194 »	194 40	194 80	195 20	195 60
9800	196 »	196 40	196 80	197 20	197 60
9900	198 »	198 40	198 80	199 20	199 60

SOMMES.	DROITS.	20 F.s	40 F.s	60 F.s	80 F.s
fr.	fr. c.	» 50	1 »	1 50	2 »
100	2 50	3 »	3 50	4 »	4 50
200	5 »	5 50	6 »	6 50	7 »
300	7 50	8 »	8 50	9 »	9 50
400	10 »	10 50	11 »	11 50	12 »
500	12 50	13 »	13 50	14 »	14 50
600	15 »	15 50	16 »	16 50	17 »
700	17 50	18 »	18 50	19 »	19 50
800	20 »	20 50	21 »	21 50	22 »
900	22 50	23 »	23 50	24 »	24 50
1000	25 »	25 50	26 »	26 50	27 »
1100	27 50	28 »	28 50	29 »	29 50
1200	30 »	30 50	31 »	31 50	32 »
1300	32 50	33 »	33 50	34 »	34 50
1400	35 »	35 50	36 »	36 50	37 »
1500	37 50	38 »	38 50	39 »	39 50
1600	40 »	40 50	41 »	41 50	42 »
1700	42 50	43 »	43 50	44 »	44 50
1800	45 »	45 50	46 »	46 50	47 »
1900	47 50	48 »	48 50	49 »	49 50
2000	50 »	50 50	51 »	51 50	52 »
2100	52 50	53 »	53 50	54 »	54 50
2200	55 »	55 50	56 »	56 50	57 »
2300	57 50	58 »	58 50	59 »	59 50
2400	60 »	60 50	61 »	61 50	62 »
2500	62 50	63 »	63 50	64 »	64 50
2600	65 »	65 50	66 »	66 50	67 »
2700	67 50	68 »	68 50	69 »	69 50
2800	70 »	70 50	71 »	71 50	72 »
2900	72 50	73 »	73 50	74 »	74 50
3000	75 »	75 50	76 »	76 50	77 »
3100	77 50	78 »	78 50	79 »	79 50
3200	80 »	80 50	81 »	81 50	82 »
3300	82 50	83 »	83 50	84 »	84 50
3400	85 »	85 50	86 »	86 50	87 »
3500	87 50	88 »	88 50	89 »	89 50
3600	90 »	90 50	91 »	91 50	92 »
3700	92 50	93 »	93 50	94 »	94 50
3800	95 »	95 50	96 »	96 50	97 »
3900	97 50	98 »	98 50	99 »	99 50
4000	100 »	100 50	101 »	101 50	102 »
4100	102 50	103 »	103 50	104 »	104 50
4200	105 »	105 50	106 »	106 50	107 »
4300	107 50	108 »	108 50	109 »	109 50
4400	110 »	110 50	111 »	111 50	112 »
4500	112 50	113 »	113 50	114 »	114 50
4600	115 »	115 50	116 »	116 50	117 »
4700	117 50	118 »	118 50	119 »	119 50
4800	120 »	120 50	121 »	121 50	122 »
4900	122 50	123 »	123 50	124 »	124 50

SOMMES.	DROITS.		20 F.s		40 F.s		60 F.s		80 F.s	
5000	125	»	125	5o	126	»	126	5o	127	»
5100	127	5o	128	»	128	5o	129	»	129	5o
5200	130	»	13o	5o	131	»	131	5o	132	»
53oo	132	5o	133	»	133	5o	134	»	134	5o
5400	135	»	135	5o	136	»	136	5o	137	»
5500	137	5o	138	»	138	5o	139	»	139	5o
5600	140	»	140	5o	141	»	141	5o	142	»
5700	142	5o	143	»	143	5o	144	»	144	5o
5800	145	»	145	5o	146	»	146	5o	147	»
5900	147	5o	148	»	148	5o	149	»	149	5o
6000	150	»	150	5o	151	»	151	5o	152	»
6100	152	5o	153	»	153	5o	154	»	154	5o
6200	155	»	155	5o	156	»	156	5o	157	»
63oo	157	5o	158	»	158	5o	159	»	159	5o
6400	160	»	160	5o	161	»	161	5o	162	»
6500	162	5o	163	»	163	5o	164	»	164	5o
6600	165	»	165	5o	166	»	166	5o	167	»
6700	167	5o	168	»	168	5o	169	»	169	5o
6800	170	»	170	5o	171	»	171	5o	172	»
6900	172	5o	173	»	173	5o	174	»	174	5o
7000	175	»	175	5o	176	»	176	5o	177	»
7100	177	5o	178	»	178	5o	179	»	179	5o
7200	180	»	180	5o	181	»	181	5o	182	»
7300	182	5o	183	»	183	5o	184	»	184	5o
7400	185	»	185	5o	186	»	186	5o	187	»
75oo	187	5o	188	»	188	5o	189	»	189	5o
7600	190	»	190	5o	191	»	191	5o	192	»
7700	192	5o	193	»	193	5o	194	»	194	5o
7800	195	»	195	5o	196	»	196	5o	197	»
7900	197	5o	198	»	198	5o	199	»	199	5o
8000	200	»	200	5o	201	»	201	5o	202	»
81oo	202	5o	203	»	203	5o	204	»	204	5o
8200	205	»	205	5o	206	»	206	5o	207	»
83oo	207	5o	208	»	208	5o	209	»	209	5o
8400	210	»	210	5o	211	»	211	5o	212	»
85oo	212	5o	213	»	213	5o	214	»	214	5o
8600	215	»	215	5o	216	»	216	5o	217	»
8700	217	5o	218	»	218	5o	219	»	219	5o
8800	220	»	220	5o	221	»	221	5o	222	»
8900	222	5o	223	»	223	5o	224	»	224	5o
9000	225	»	225	5o	226	»	226	5o	227	»
9100	227	5o	228	»	228	5o	229	»	229	5o
9200	230	»	23o	5o	231	»	231	5o	232	»
9300	232	5o	233	»	233	5o	234	»	234	5o
9400	235	»	235	5o	236	»	236	5o	237	»
95oo	237	5o	238	»	238	5o	239	»	239	5o
9600	240	»	240	5o	241	»	241	5o	242	»
9700	242	5o	243	»	243	5o	244	»	244	5o
9800	245	»	245	5o	246	»	246	5o	247	»
9900	247	5o	248	»	248	5o	249	»	249	5o

SOMMES.	DROITS.	20 F.s	40 F.s	60 F.s	80 F.s
fr.	fr. c.	» 55	1 10	1 65	2 20
100	2 75	3 30	3 85	4 40	4 95
200	5 50	6 5	6 60	7 15	7 70
300	8 25	8 80	9 35	9 90	10 45
400	11 »	11 55	12 10	12 65	13 20
500	13 75	14 30	14 85	15 40	15 95
600	16 50	17 5	17 60	18 15	18 70
700	19 25	19 80	20 35	20 90	21 45
800	22 »	22 55	23 10	23 65	24 20
900	24 75	25 30	25 85	26 40	26 95
1000	27 50	28 5	28 60	29 15	29 70
1100	30 25	30 80	31 35	31 90	32 45
1200	33 »	33 55	34 10	34 65	35 20
1300	35 75	36 30	36 85	37 40	37 95
1400	38 50	39 5	39 60	40 15	40 70
1500	41 25	41 80	42 35	42 90	43 45
1600	44 »	44 55	45 10	45 65	46 20
1700	46 75	47 30	47 85	48 40	48 95
1800	49 50	50 5	50 60	51 15	51 70
1900	52 25	52 80	53 35	53 90	54 45
2000	55 »	55 55	56 10	56 65	57 20
2100	57 75	58 30	58 85	59 40	59 95
2200	60 50	61 5	61 60	62 15	62 70
2300	63 25	63 80	64 35	64 90	65 45
2400	66 »	66 55	67 10	67 65	68 20
2500	68 75	69 30	69 85	70 40	70 95
2600	71 50	72 5	72 60	73 15	73 70
2700	74 25	74 80	75 35	75 90	76 45
2800	77 »	77 55	78 10	78 65	79 20
2900	79 75	80 30	80 85	81 40	81 95
3000	82 50	83 5	83 60	84 15	84 70
3100	85 25	85 80	86 35	86 90	87 45
3200	88 »	88 55	89 10	89 65	90 20
3300	90 75	91 30	91 85	92 40	92 95
3400	93 50	94 5	94 60	95 15	95 70
3500	96 25	96 80	97 35	97 90	98 45
3600	99 »	99 55	100 10	100 65	101 20
3700	101 75	102 30	102 85	103 40	103 95
3800	104 50	105 5	105 60	106 15	196 70
3900	107 25	107 80	108 35	108 90	109 45
4000	110 »	110 55	111 10	111 65	112 20
4100	112 75	113 30	113 85	114 40	114 95
4200	115 50	116 5	116 60	117 15	117 70
4300	118 25	118 80	119 35	119 90	120 45
4400	121 »	121 55	122 10	122 65	123 20
4500	123 75	124 30	124 85	125 40	125 95
4600	126 50	127 5	127 60	128 15	128 70
4700	129 25	129 80	130 35	130 90	131 45
4800	132 »	132 55	133 10	133 65	134 20
4900	134 75	135 30	135 85	136 40	136 95

DE 2 F. 75 C. P. o/o.

SOMMES.	DROITS.	20 F.ˢ	40 F.ˢ	60 F.ˢ	80 F.ˢ
5000	137 50	138 5	138 60	139 15	139 70
5100	140 25	140 80	141 35	141 90	142 45
5200	143 »	143 55	144 10	144 65	145 20
5300	145 75	146 30	146 85	147 40	147 95
5400	148 50	149 5	149 60	150 15	150 70
5500	151 25	151 80	152 35	152 90	153 45
5600	154 »	154 55	155 10	155 65	156 20
5700	156 75	157 30	157 85	158 40	158 95
5800	159 50	160 5	160 60	161 15	161 70
5900	162 25	162 80	163 35	163 90	164 45
6000	165 »	165 55	166 10	166 65	167 20
6100	167 75	168 30	168 85	169 40	169 95
6200	170 50	171 5	171 60	172 15	172 70
6300	173 25	173 80	174 35	174 90	175 45
6400	176 »	176 55	177 10	177 65	178 20
6500	178 75	179 30	179 85	180 40	180 95
6600	181 50	182 5	182 60	183 15	183 70
6700	184 25	184 80	185 35	185 90	186 45
6800	187 »	187 55	188 10	188 65	189 20
6900	189 75	190 30	190 85	191 40	191 95
7000	192 50	193 5	193 60	194 15	194 70
7100	195 25	195 80	196 35	196 90	197 45
7200	198 »	198 55	199 10	199 65	200 20
7300	200 75	201 30	201 85	202 40	202 95
7400	203 50	204 5	204 60	205 15	205 70
7500	206 25	206 80	207 35	207 90	208 45
7600	209 »	209 55	210 10	210 65	211 20
7700	211 75	212 30	212 85	213 40	213 95
7800	214 50	215 5	215 60	216 15	216 70
7900	217 25	217 80	218 35	218 90	219 45
8000	220 »	220 55	221 10	221 65	222 20
8100	222 75	223 30	223 85	224 40	224 95
8200	225 50	226 5	226 60	227 15	227 70
8300	228 25	228 80	229 35	229 90	230 45
8400	231 »	231 55	232 10	232 65	233 20
8500	233 75	234 30	234 85	235 40	235 95
8600	236 50	237 5	237 60	238 15	238 70
8700	239 25	239 80	240 35	240 90	241 45
8800	242 »	242 55	243 10	243 65	244 20
8900	244 75	245 30	245 85	246 40	246 95
9000	247 50	248 5	248 60	249 15	249 70
9100	250 25	250 80	251 35	251 90	252 45
9200	253 »	253 55	254 10	254 65	255 20
9300	255 75	256 30	256 85	257 40	257 95
9400	258 50	259 5	259 60	260 15	260 70
9500	261 25	261 80	262 35	262 90	263 45
9600	264 »	264 55	265 10	265 65	266 20
9700	266 75	267 30	267 85	268 40	268 95
9800	269 50	270 5	270 60	271 15	271 70
9900	272 25	272 80	273 35	273 90	274 45

SOMMES.	DROITS.		20 F.ˢ	40 F.ˢ	60 F.ˢ	80 F.ˢ
fr.	fr.	c.	» 60	1 20	1 80	2 40
100	3	»	3 60	4 20	4 80	5 40
200	6	»	6 60	7 20	7 80	8 40
300	9	»	9 60	10 20	10 80	11 40
400	12	»	12 60	13 20	13 80	14 40
500	15	»	15 60	16 20	16 80	17 40
600	18	»	18 60	19 20	19 80	20 40
700	21	»	21 60	22 20	22 80	23 40
800	24	»	24 60	25 20	25 80	26 40
900	27	»	27 60	28 20	28 80	29 40
1000	30	»	30 60	31 20	31 80	32 40
1100	33	»	33 60	34 20	34 80	35 40
1200	36	»	36 60	37 20	37 80	38 40
1300	39	»	39 60	40 20	40 80	41 40
1400	42	»	42 60	43 20	43 80	44 40
1500	45	»	45 60	46 20	46 80	47 40
1600	48	»	48 60	49 20	49 80	50 40
1700	51	»	51 60	52 20	52 80	53 40
1800	54	»	54 60	55 20	55 80	56 40
1900	57	»	57 60	58 20	58 80	59 40
2000	60	»	60 60	61 20	61 80	62 40
2100	63	»	63 60	64 20	64 80	65 40
2200	66	»	66 60	67 20	67 80	68 40
2300	69	»	69 60	70 20	70 80	71 40
2400	72	»	72 60	73 20	73 80	74 40
2500	75	»	75 60	76 20	76 80	77 40
2600	78	»	78 60	79 20	79 80	80 40
2700	81	»	81 60	82 20	82 80	83 40
2800	84	»	84 60	85 20	85 80	86 40
2900	87	»	87 60	88 20	88 80	89 40
3000	90	»	90 60	91 20	91 80	92 40
3100	93	»	93 60	94 20	94 80	95 40
3200	96	»	96 60	97 20	97 80	98 40
3300	99	»	99 60	100 20	100 80	101 40
3400	102	»	102 60	103 20	103 80	104 40
3500	105	»	105 60	106 20	106 80	107 40
3600	108	»	108 60	109 20	109 80	110 40
3700	111	»	111 60	112 20	112 80	113 40
3800	114	»	114 60	115 20	115 80	116 40
3900	117	»	117 60	118 20	118 80	119 40
4000	120	»	120 60	121 20	121 80	122 40
4100	123	»	123 60	124 20	124 80	125 40
4200	126	»	126 60	127 20	127 80	128 40
4300	129	»	129 60	130 20	130 80	131 40
4400	132	»	132 60	133 20	133 80	134 40
4500	135	»	135 60	136 20	136 80	137 40
4600	138	»	138 60	139 20	139 80	140 40
4700	141	»	141 60	142 20	142 80	143 40
4800	144	»	144 60	145 20	145 80	146 40
4900	147	»	147 60	148 20	148 80	149 40

SOMMES.	DROITS.	20 F.ˢ	40 F.ˢ	60 F.ˢ	80 F.ˢ
		150 60	151 20	151 80	152 40
5000	150 »	153 60	154 20	154 80	155 40
5100	153 »	156 60	157 20	157 80	158 40
5200	156 »	159 60	160 20	160 80	161 40
5300	159 »	162 60	163 20	163 80	164 40
5400	162 »	165 60	166 20	166 80	167 40
5500	165 »	168 60	169 20	169 80	170 40
5600	168 »	171 60	172 20	172 80	173 40
5700	171 »	174 60	175 20	175 80	176 40
5800	174 »	177 60	178 20	178 80	179 40
5900	177 »	180 60	181 20	181 80	182 40
6000	180 »	183 60	184 20	184 80	185 40
6100	183 »	186 60	187 20	187 80	188 40
6200	186 »	189 60	190 20	190 80	191 40
6300	189 »	192 60	193 20	193 80	194 40
6400	192 »	195 60	196 20	196 80	197 40
6500	195 »	198 60	199 20	199 80	200 40
6600	198 »	201 60	202 20	202 80	203 40
6700	201 »	204 60	205 20	205 80	206 40
6800	204 »	207 60	208 20	208 80	209 40
6900	207 »	210 60	211 20	211 80	212 40
7000	210 »	213 60	214 20	214 80	215 40
7100	213 »	216 60	217 20	217 80	218 40
7200	216 »	219 60	220 20	220 80	221 40
7300	219 »	222 60	223 20	223 80	224 40
7400	222 »	225 60	226 20	226 80	227 40
7500	225 »	228 60	229 20	229 80	230 40
7600	228 »	231 60	232 20	232 80	233 40
7700	231 »	234 60	235 20	235 80	236 40
7800	234 »	237 60	238 20	238 80	239 40
7900	237 »	240 60	241 20	241 80	242 40
8000	240 »	243 60	244 20	244 80	245 40
8100	243 »	246 60	247 20	247 80	248 40
8200	246 »	249 60	250 20	250 80	251 40
8300	249 »	252 60	253 20	253 80	254 40
8400	252 »	255 60	256 20	256 80	257 40
8500	255 »	258 60	259 20	259 80	260 40
8600	258 »	261 60	262 20	262 80	263 40
8700	261 »	264 60	265 20	265 80	266 40
8800	264 »	267 60	268 20	268 80	269 40
8900	267 »	270 60	271 20	271 80	272 40
9000	270 »	273 60	274 20	274 80	275 40
9100	273 »	275 60	277 20	277 80	278 40
9200	276 »	279 60	280 20	280 80	281 40
9300	279 »	282 60	283 20	283 80	284 40
9400	282 »	285 60	286 20	286 80	287 40
9500	285 »	288 60	289 20	289 80	290 40
9600	288 »	291 60	292 20	292 80	293 40
9700	291 »	294 60	295 20	295 80	296 40
9800	294 »	297 60	298 20	298 80	299 40
9900	297 »				

SOMMES.	DROITS.	20 F.ᵗ	40 F.ᵗ	60 F.ᵗ	80 F.ᵗ
fr.	fr. c.	» 70	1 40	2 10	2 80
100	3 50	4 20	4 90	5 60	6 30
200	7 »	7 70	8 40	9 10	9 80
300	10 50	11 20	11 90	12 60	13 30
400	14 »	14 70	15 40	16 10	16 80
500	17 50	18 20	18 90	19 60	20 30
600	21 »	21 70	22 40	23 10	23 80
700	24 50	25 20	25 90	26 60	27 30
800	28 »	28 70	29 40	30 10	30 80
900	31 50	32 20	32 90	33 60	34 30
1000	35 »	35 70	36 40	37 10	37 80
1100	38 50	39 20	39 90	40 60	41 30
1200	42 »	42 70	43 40	44 10	44 80
1300	45 50	46 20	46 90	47 60	48 30
1400	49 »	49 70	50 40	51 10	51 80
1500	52 50	53 20	53 90	54 60	55 30
1600	56 »	56 70	57 40	58 10	58 80
1700	59 50	60 20	60 90	61 60	62 30
1800	63 »	63 70	64 40	65 10	65 80
1900	66 50	67 20	67 90	68 60	69 30
2000	70 »	70 70	71 40	72 10	72 80
2100	73 50	74 20	74 90	75 60	76 30
2200	77 »	77 70	78 40	79 10	79 80
2300	80 50	81 20	81 90	82 60	83 30
2400	84 »	84 70	85 40	86 10	86 80
2500	87 50	88 20	88 90	89 60	90 30
2600	91 »	91 70	92 40	93 10	93 80
2700	94 50	95 20	95 90	96 60	97 30
2800	98 »	98 70	99 40	100 10	100 80
2900	101 50	102 20	102 90	103 60	104 30
3000	105 »	105 70	106 40	107 10	107 80
3100	108 50	109 20	109 90	110 60	111 30
3200	112 »	112 70	113 40	114 10	114 80
3300	115 50	116 20	116 90	117 60	118 30
3400	119 »	119 70	120 40	121 10	121 80
3500	122 50	123 20	123 90	124 60	125 30
3600	126 »	126 70	127 40	128 10	128 80
3700	129 50	130 20	130 90	131 60	132 30
3800	133 »	133 70	134 40	135 10	135 80
3900	136 50	137 20	137 90	138 60	139 30
4000	140 »	140 70	141 40	142 10	142 80
4100	143 50	144 20	144 90	145 60	146 30
4200	147 »	147 70	148 40	149 10	149 80
4300	150 50	151 20	151 90	152 60	153 30
4400	154 »	154 70	155 40	156 10	156 80
4500	157 50	158 20	158 90	159 60	160 30
4600	161 »	161 70	162 40	163 10	163 80
4700	164 50	165 20	165 90	166 60	167 30
4800	168 »	168 70	169 40	170 10	170 80
4900	171 50	172 20	172 90	173 60	174 30

SOMMES.	DROITS.		20 F.ˢ		40 F.ˢ		60 F.ˢ		80 F.ˢ	
5000	175	»	175	70	176	40	177	10	177	80
5100	178	50	179	20	179	90	180	60	181	30
5200	182	»	182	70	182	40	184	10	184	80
5300	185	50	186	20	186	90	187	60	188	30
5400	189	»	189	70	190	40	191	10	191	80
5500	192	50	193	20	193	90	194	60	195	30
5600	196	»	196	70	197	40	198	10	198	80
5700	199	50	200	20	200	90	201	60	202	30
5800	203	»	203	70	204	40	205	10	205	80
5900	206	50	207	20	207	90	208	60	209	30
6000	210	»	210	70	211	40	212	10	212	80
6100	213	50	214	20	214	90	215	60	216	30
6200	217	»	217	70	218	40	219	10	219	80
6300	220	50	221	20	221	90	222	60	223	30
6400	224	»	224	70	225	40	226	10	226	80
6500	227	50	228	20	228	90	229	60	230	30
6600	231	»	231	70	232	40	233	10	233	80
6700	234	50	235	20	235	90	236	60	237	30
6800	238	»	238	70	239	40	240	10	240	80
6900	241	50	242	20	242	90	243	60	244	30
7000	245	»	245	70	246	40	247	10	247	80
7100	248	50	249	20	249	90	250	60	251	30
7200	252	»	252	70	253	40	254	10	254	80
7300	255	50	256	20	256	90	257	60	258	30
7400	259	»	259	70	260	40	261	10	261	80
7500	262	50	263	20	263	90	264	60	265	30
7600	266	»	266	70	267	40	268	10	268	80
7700	269	50	270	20	270	90	271	60	272	30
7800	273	»	273	70	274	40	275	10	275	80
7900	276	50	277	20	277	90	278	60	279	30
8000	280	»	280	70	281	40	282	10	282	80
8100	283	50	284	20	284	90	285	60	286	30
8200	287	»	287	70	288	40	289	10	289	80
8300	290	50	291	20	291	90	292	60	293	30
8400	294	»	294	70	295	40	296	10	296	80
8500	297	50	298	20	298	90	299	60	300	30
8600	301	»	301	70	302	40	303	10	303	80
8700	304	50	305	20	305	90	306	60	307	30
8800	308	»	308	70	309	40	310	10	310	80
8900	311	50	312	20	312	90	313	60	314	30
9000	315	»	315	70	316	40	317	10	317	80
9100	318	50	319	20	319	90	320	60	321	30
9200	322	»	322	70	323	40	324	10	324	80
9300	325	50	326	20	326	90	327	60	328	30
9400	329	»	329	70	330	40	331	10	331	80
9500	332	50	333	20	333	90	334	60	335	30
9600	336	»	336	70	337	40	338	10	338	80
9700	339	50	340	40	340	90	341	60	342	30
9800	343	»	343	70	344	40	345	10	345	80
9900	346	50	347	20	347	90	348	60	349	30

SOMMES.	DROITS.	20 F.ˢ	40 F.ˢ	60 F.ˢ	80 F.ˢ
fr.	fr. c.	» 80	1 60	2 40	3 20
100	4 »	4 80	5 60	6 40	7 20
200	8 »	8 80	9 60	10 40	11 20
300	12 »	12 80	13 60	14 40	15 20
400	16 »	16 80	17 60	18 40	19 20
500	20 »	20 80	21 60	22 40	23 20
600	24 »	24 80	25 60	26 40	27 20
700	28 »	28 80	29 60	30 40	31 20
800	32 »	32 80	33 60	34 40	35 20
900	36 »	36 80	37 60	38 40	39 20
1000	40 »	40 80	41 60	42 40	43 20
1100	44 »	44 80	45 60	46 40	47 20
1200	48 »	48 80	49 60	50 40	51 20
1300	52 »	52 80	53 60	54 40	55 20
1400	56 »	56 80	57 60	58 40	59 20
1500	60 »	60 80	61 60	62 40	63 20
1600	64 »	64 80	65 60	66 40	67 20
1700	68 »	68 80	69 60	70 40	71 20
1800	72 »	72 80	73 60	74 40	75 20
1900	76 »	76 80	77 60	78 40	79 20
2000	80 »	80 80	81 60	82 40	83 20
2100	84 »	84 80	85 60	86 40	87 20
2200	88 »	88 80	89 60	90 40	91 20
2300	92 »	92 80	93 60	94 40	95 20
2400	96 »	96 80	97 60	98 40	99 20
2500	100 »	100 80	101 60	102 40	103 20
2600	104 »	104 80	105 60	106 40	107 20
2700	108 »	108 80	109 60	110 40	111 20
2800	112 »	112 80	113 60	114 40	115 20
2900	116 »	116 80	117 60	118 40	119 20
3000	120 »	120 80	121 60	122 40	123 20
3100	124 »	124 80	125 60	126 40	127 20
3200	128 »	128 80	129 60	130 40	131 20
3300	132 »	132 80	133 60	134 40	135 20
3400	136 »	136 80	137 60	138 40	139 20
3500	140 »	140 80	141 60	142 40	143 20
3600	144 »	144 80	145 60	146 40	147 20
3700	148 »	148 80	149 60	150 40	151 20
3800	152 »	152 80	153 60	154 40	155 20
3900	156 »	156 80	157 60	158 40	159 20
4000	160 »	160 80	161 60	162 40	163 20
4100	164 »	164 80	165 60	166 40	167 20
4200	168 »	168 80	169 60	170 40	171 20
4300	172 »	172 80	173 60	174 40	175 20
4400	176 »	176 80	177 60	178 40	179 20
4500	180 »	180 80	181 60	182 40	183 20
4600	184 »	184 80	185 60	186 40	187 20
4700	188 »	188 80	189 60	190 40	191 20
4800	192 »	192 80	193 60	194 40	195 20
4900	196 »	196 80	197 60	198 40	199 20

SOMMES.	DROITS.	20 F.s	40 F.s	60 F.s	80 F.s
5000	200 »	200 80	201 60	202 40	203 20
5100	204 »	204 80	205 60	206 40	207 20
5200	208 »	208 80	209 60	210 40	211 20
5300	212 »	212 80	213 60	214 40	215 20
5400	216 »	216 80	217 60	218 40	219 20
5500	220 »	220 80	221 60	222 40	223 20
5600	224 »	224 80	225 60	226 40	227 20
5700	228 »	228 80	229 60	230 40	231 20
5800	232 »	232 80	233 60	234 40	235 20
5900	236 »	236 80	237 60	238 40	239 20
6000	240 »	240 80	241 60	242 40	243 20
6100	244 »	244 80	245 60	246 40	247 20
6200	248 »	248 80	249 60	250 40	251 20
6300	252 »	252 80	253 60	254 40	255 20
6400	256 »	256 80	257 60	258 40	259 20
6500	260 »	260 80	261 60	262 40	263 20
6600	264 »	264 80	265 60	266 40	267 20
6700	268 »	268 80	269 60	270 40	271 20
6800	272 »	272 80	273 60	274 40	275 20
6900	276 »	276 80	277 60	278 40	279 20
7000	280 »	280 80	281 60	282 40	283 20
7100	284 »	284 80	285 60	286 40	287 20
7200	288 »	288 80	289 60	290 40	291 20
7300	292 »	292 80	293 60	294 40	295 20
7400	296 »	296 80	297 60	298 40	299 20
7500	300 »	300 80	301 60	302 40	303 20
7600	304 »	304 80	305 60	306 40	307 20
7700	308 »	308 80	309 60	310 40	311 20
7800	312 »	312 80	313 60	314 40	315 20
7900	316 »	316 80	317 60	318 40	319 20
8000	320 »	320 80	321 60	322 40	323 20
8100	324 »	324 80	325 60	326 40	327 20
8200	328 »	328 80	329 60	330 40	331 20
8300	332 »	332 80	333 60	334 40	335 20
8400	336 »	336 80	337 60	338 40	339 20
8500	340 »	340 80	341 60	342 40	343 20
8600	344 »	344 80	345 60	346 40	347 20
8700	348 »	348 80	349 60	350 40	351 20
8800	352 »	352 80	353 60	354 40	355 20
8900	356 »	356 80	357 60	358 40	359 20
9000	360 »	360 80	361 60	362 40	363 20
9100	364 »	364 80	365 60	366 40	367 20
9200	368 »	368 80	369 60	370 40	371 20
9300	372 »	372 80	373 60	374 40	375 20
9400	376 »	376 80	377 60	378 40	379 20
9500	380 »	380 80	381 60	382 40	383 20
9600	384 »	384 80	385 60	386 40	387 20
9700	388 »	388 80	389 60	390 40	391 20
9800	392 »	392 80	393 60	394 40	395 20
9900	396 »	396 80	397 60	398 40	399 20

SOMMES.	DROITS.	20 F.s	40 F.s	60 F.s	80 F.s
fr.	fr. c.	» 90	1 80	2 70	3 60
100	4 50	5 40	6 30	7 20	8 10
200	9 »	9 90	10 80	11 70	12 60
300	13 50	14 40	15 30	16 20	17 10
400	18 »	18 90	19 80	20 70	21 60
500	22 50	23 40	24 30	25 20	26 10
600	27 »	27 90	28 80	29 70	30 60
700	31 50	32 40	33 30	34 20	35 10
800	36 »	36 90	37 80	38 70	39 60
900	40 50	41 40	42 30	43 20	44 10
1000	45 »	45 90	46 80	47 70	48 60
1100	49 50	50 40	51 30	52 20	53 10
1200	54 »	54 90	55 80	56 70	57 60
1300	58 50	59 40	60 30	61 20	62 10
1400	63 »	63 90	64 80	65 70	66 60
1500	67 50	68 40	69 30	70 20	71 10
1600	72 »	72 90	73 80	74 70	75 60
1700	76 50	77 40	78 30	79 20	80 10
1800	81 »	81 90	82 80	83 70	84 60
1900	85 50	86 40	87 30	88 20	89 10
2000	90 »	90 90	91 80	92 70	93 60
2100	94 50	95 40	96 30	97 20	98 10
2200	99 »	99 90	100 80	101 70	102 60
2300	103 50	104 40	105 30	106 20	107 10
2400	108 »	108 90	109 80	110 70	111 60
2500	112 50	113 40	114 30	115 20	116 10
2600	117 »	117 90	118 80	119 70	120 60
2700	121 50	122 40	123 30	124 20	125 10
2800	126 »	126 90	127 80	128 70	129 60
2900	130 50	131 40	132 30	133 20	134 10
3000	135 »	135 90	136 80	137 70	138 60
3100	139 50	140 40	141 30	142 20	143 10
3200	144 »	144 90	145 80	146 70	147 60
3300	148 50	149 40	150 30	151 20	152 10
3400	153 »	153 90	154 80	155 70	156 60
3500	157 50	158 40	159 30	160 20	161 10
3600	162 »	162 90	163 80	164 70	165 60
3700	166 50	167 40	168 30	169 20	170 10
3800	171 »	171 90	172 80	173 70	174 60
3900	175 50	176 40	177 30	178 20	179 10
4000	180 »	180 90	181 80	182 70	183 60
4100	184 50	185 40	186 30	187 20	188 10
4200	189 »	189 90	190 80	191 70	192 60
4300	193 50	194 40	195 30	196 20	197 10
4400	198 »	198 90	199 80	200 70	201 60
4500	202 50	203 40	204 30	205 20	206 10
4600	207 »	207 90	208 80	209 70	210 60
4700	211 50	212 40	213 30	214 20	215 10
4800	216 »	216 90	217 80	218 70	219 60
4900	220 50	221 40	222 30	223 20	224 10

SOMMES.	DROITS.	20 F.s	40 F.s	60 F.s	80 F.s
5000	225 »	225 90	226 80	227 70	228 60
5100	229 50	230 40	231 30	232 20	233 10
5200	234 »	234 90	235 80	236 70	237 60
5300	238 50	239 40	240 30	241 20	242 10
5400	243 »	243 90	244 80	245 70	246 60
5500	247 50	248 40	249 30	250 20	251 10
5600	252 »	252 90	253 80	254 70	255 60
5700	256 50	257 40	258 30	259 20	260 10
5800	261 »	261 90	262 80	263 70	264 60
5900	265 50	266 40	267 30	268 20	269 10
6000	270 »	270 90	271 80	272 70	273 60
6100	274 50	275 40	276 30	277 20	278 10
6200	279 »	279 90	280 80	281 70	282 60
6300	283 50	284 40	285 30	286 20	287 10
6400	288 »	288 90	289 80	290 70	291 60
6500	292 50	293 40	294 30	295 20	296 10
6600	297 »	297 90	298 80	299 70	300 60
6700	301 50	302 40	303 30	304 20	305 10
6800	306 »	306 90	307 80	308 70	309 60
6900	310 50	311 40	312 30	313 20	314 10
7000	315 »	315 90	316 80	317 70	318 60
7100	319 50	320 40	321 30	322 20	323 10
7200	324 »	324 90	325 80	326 70	327 60
7300	328 50	329 40	330 30	331 20	336 60
7400	333 »	333 90	339 30	340 20	341 10
7500	337 50	338 40	343 80	344 70	345 60
7600	342 »	342 90	348 30	349 20	350 10
7700	346 50	347 40	352 80	353 70	354 60
7800	351 »	351 90	357 30	358 20	359 10
7900	355 50	356 40	361 80	362 70	363 60
8000	360 »	360 90	366 30	367 20	368 10
8100	364 50	365 40	370 80	371 70	372 60
8200	369 »	369 90	375 30	376 20	377 10
8300	373 50	374 40	379 80	380 70	381 60
8400	378 »	378 90	384 30	385 20	386 10
8500	382 50	383 40	388 80	389 70	390 60
8600	387 »	387 90	393 30	394 20	395 10
8700	391 50	392 40	397 80	398 70	399 60
8800	396 »	396 90	402 30	403 20	404 10
8900	400 50	401 40	406 80	407 70	408 60
9000	405 »	405 90	411 30	412 20	413 10
9100	409 50	410 40	415 80	416 70	417 60
9200	414 »	414 90	420 30	421 20	422 10
9300	418 50	419 40	424 80	425 70	426 60
9400	423 »	423 90	429 30	430 20	431 10
9500	427 50	428 40	433 80	434 70	435 60
9600	432 »	432 90	438 30	439 20	440 10
9700	436 50	437 40	442 80	443 70	444 60
9800	441 »	441 90	447 30	448 20	449 10
9900	445 50	446 40	447 30	448 20	449 10

SOMMES.	DROITS.	20 F.ˢ	40 F.ˢ	60 F.ˢ	80 F.ˢ
fr.	fr. c.	1 »	2 »	3 »	4 »
100	5 »	6 »	7 »	8 »	9 »
200	10 »	11 »	12 »	13 »	14 »
300	15 »	16 »	17 »	18 »	19 »
400	20 »	21 »	23 »	23 »	24 »
500	25 »	26 »	27 »	28 »	29 »
600	30 »	31 »	32 »	33 »	34 »
700	35 »	36 »	37 »	38 »	39 »
800	40 »	41 »	43 »	43 »	44 »
900	45 »	46 »	47 »	48 »	49 »
1000	50 »	51 »	52 »	53 »	54 »
1100	55 »	56 »	57 »	58 »	59 »
1200	60 »	61 »	62 »	63 »	64 »
1300	65 »	66 »	67 »	68 »	69 »
1400	70 »	71 »	72 »	73 »	74 »
1500	75 »	76 »	77 »	78 »	79 »
1600	80 »	81 »	82 »	83 »	84 »
1700	85 »	86 »	87 »	88 »	89 »
1800	90 »	91 »	92 »	93 »	94 »
1900	95 »	96 »	97 »	98 »	99 »
2000	100 »	101 »	102 »	103 »	104 »
2100	105 »	106 »	107 »	108 »	109 »
2200	110 »	111 »	112 »	113 »	114 »
2300	115 »	116 »	117 »	118 »	119 »
2400	120 »	121 »	122 »	123 »	124 »
2500	125 »	126 »	127 »	128 »	129 »
2600	130 »	131 »	132 »	133 »	134 »
2700	135 »	136 »	137 »	138 »	139 »
2800	140 »	141 »	142 »	143 »	144 »
2900	145 »	146 »	147 »	148 »	149 »
3000	150 »	151 »	152 »	153 »	154 »
3100	155 »	156 »	157 »	158 »	159 »
3200	160 »	161 »	162 »	163 »	164 »
3300	165 »	166 »	167 »	168 »	169 »
3400	170 »	171 »	172 »	173 »	174 »
3500	175 »	176 »	177 »	178 »	179 »
3600	180 »	181 »	182 »	183 »	184 »
3700	185 »	186 »	187 »	188 »	189 »
3800	190 »	191 »	192 »	193 »	194 »
3900	195 »	196 »	197 »	198 »	199 »
4000	200 »	201 »	202 »	203 »	204 »
4100	205 »	206 »	207 »	208 »	209 »
4200	210 »	211 »	212 »	213 »	214 »
4300	215 »	216 »	217 »	218 »	219 »
4400	220 »	221 »	222 »	223 »	224 »
4500	225 »	226 »	227 »	228 »	229 »
4600	230 »	231 »	232 »	233 »	234 »
4700	235 »	236 »	237 »	238 »	239 »
4800	240 »	241 »	242 »	243 »	244 »
4900	245 »	246 »	247 »	248 »	249 »

SOMMES,	DROITS.	20 F.³	40 F.³	6o F.³	8o F.³
5000	250 »	251 »	252 »	253 »	254 »
5100	255 »	256 »	257 »	258 »	259 »
5200	260 »	261 »	262 »	263 »	264 »
5300	265 »	266 »	267 »	268 »	269 »
5400	270 »	271 »	272 »	273 »	274 »
5500	275 »	276 »	277 »	278 »	279 »
5600	280 »	281 »	282 »	283 »	284 »
5700	285 »	286 »	287 »	288 »	289 »
5800	290 »	291 »	292 »	293 »	294 »
5900	295 »	296 »	297 »	298 »	299 »
6000	300 »	301 »	302 »	303 »	304 »
6100	305 »	306 »	307 »	308 »	309 »
6200	310 »	311 »	312 »	313 »	314 »
6300	315 »	316 »	317 »	318 »	319 »
6400	320 »	321 »	322 »	323 »	324 »
6500	325 »	326 »	327 »	328 »	329 »
6600	330 »	331 »	332 »	333 »	334 »
6700	335 »	336 »	337 »	338 »	339 »
6800	340 »	341 »	342 »	343 »	344 »
6900	345 »	346 »	347 »	348 »	349 »
7000	350 »	351 »	352 »	353 »	354 »
7100	355 »	356 »	357 »	358 »	359 »
7200	360 »	361 »	362 »	363 »	364 »
7300	365 »	366 »	367 »	368 »	369 »
7400	370 »	371 »	372 »	373 »	374 »
7500	375 »	376 »	377 »	378 »	379 »
7600	380 »	381 »	382 »	383 »	384 »
7700	385 »	386 »	387 »	388 »	389 »
7800	390 »	391 »	392 »	393 »	394 »
7900	395 »	396 »	397 »	398 »	399 »
8000	400 »	401 »	402 »	403 »	404 »
8100	405 »	406 »	407 »	408 »	409 »
8200	410 »	411 »	412 »	413 »	414 »
8300	415 »	416 »	417 »	418 »	419 »
8400	420 »	421 »	422 »	423 »	424 »
8500	425 »	426 »	427 »	428 »	429 »
8600	430 »	431 »	432 »	433 »	434 »
8700	435 »	436 »	437 »	438 »	439 »
8800	440 »	441 »	442 »	443 »	444 »
8900	445 »	446 »	447 »	448 »	449 »
9000	450 »	451 »	452 »	453 »	454 »
9100	455 »	456 »	457 »	458 »	459 »
9200	460 »	461 »	462 »	463 »	464 »
9300	465 »	466 »	467 »	468 »	469 »
9400	470 »	471 »	472 »	473 »	474 »
9500	475 »	476 »	477 »	478 »	479 »
9600	480 »	481 »	482 »	483 »	484 »
9700	485 »	486 »	487 »	488 »	489 »
9800	490 »	491 »	492 »	493 »	494 »
9900	495 »	496 »	497 »	498 »	499 »

SOMMES.	DROITS.	20 F.s	40 F.s	60 F.s	80 F.s
fr.	fr. c.	1 10	2 20	3 30	4 40
100	5 50	6 60	7 70	8 80	9 90
200	11 »	12 10	13 20	14 30	15 40
300	16 50	17 60	18 70	19 80	20 90
400	22 »	23 10	24 20	25 30	26 40
500	27 50	28 60	29 70	30 80	31 90
600	33 »	34 10	35 20	36 30	37 40
700	38 50	39 60	40 70	41 80	42 90
800	44 »	45 10	46 20	47 30	48 40
900	49 50	50 60	51 70	52 80	53 90
1000	55 »	56 10	57 20	58 30	59 40
1100	60 50	61 60	62 70	63 80	64 90
1200	66 »	67 10	68 20	69 30	70 40
1300	71 50	72 60	73 70	74 80	75 90
1400	77 »	78 10	79 20	80 30	81 40
1500	82 50	83 60	84 70	85 80	86 90
1600	88 »	89 10	90 20	91 30	92 40
1700	93 50	94 60	95 70	96 80	97 90
1800	99 »	100 10	101 20	102 30	103 40
1900	104 50	105 60	106 70	107 80	108 90
2000	110 »	111 10	112 20	113 30	114 40
2100	115 50	116 60	117 70	118 80	119 90
2200	121 »	122 10	123 20	124 30	125 40
2300	126 50	127 60	128 70	129 80	130 90
2400	132 »	133 10	134 20	135 30	136 40
2500	137 50	138 60	139 70	140 80	141 90
2600	143 »	144 10	145 20	146 30	147 40
2700	148 50	149 60	150 70	151 80	152 90
2800	154 »	155 10	156 20	157 30	158 40
2900	159 50	160 60	161 70	162 80	163 90
3000	165 »	166 10	167 20	168 30	169 40
3100	170 50	171 60	172 70	173 80	174 90
3200	176 »	177 10	178 20	179 30	180 40
3300	181 50	182 60	183 70	184 80	185 90
3400	187 »	188 10	189 20	190 30	191 40
3500	192 50	193 60	194 70	195 80	196 90
3600	198 »	199 10	200 20	201 30	202 40
3700	203 50	204 60	205 70	206 80	207 90
3800	209 »	210 10	211 20	212 30	213 40
3900	214 50	215 60	216 70	217 80	218 90
4000	220 »	221 10	222 20	223 30	224 40
4100	225 50	226 60	227 70	228 80	229 90
4200	231 »	232 10	233 20	234 30	235 40
4300	236 50	237 60	238 70	239 80	240 90
4400	242 »	243 10	244 20	245 30	246 40
4500	247 50	248 60	249 70	250 80	251 90
4600	253 »	254 10	255 20	256 30	257 40
4700	258 50	259 60	260 70	261 80	262 90
4800	264 »	265 10	266 20	267 30	268 40
4900	269 50	270 60	271 70	272 80	273 90

SOMMES.	DROITS.	20 F.ⁱ	40 F.ⁱ	60 F.ⁱ	80 F.ⁱ
5000	275 »	276 10	277 20	278 30	279 40
5100	280 50	281 60	282 70	283 80	284 90
5200	286 »	287 10	288 20	289 30	290 40
5300	291 50	292 60	293 70	294 80	295 90
5400	297 »	298 10	299 20	300 30	301 40
5500	302 50	303 60	304 70	305 80	306 90
5600	308 »	309 10	310 20	311 30	312 40
5700	313 50	314 60	315 70	316 80	317 90
5800	319 »	320 10	321 20	322 30	323 40
5900	324 50	325 60	326 70	327 80	328 90
6000	330 »	331 10	332 20	333 30	334 40
6100	335 50	336 60	337 70	338 80	339 90
6200	341 »	342 10	343 20	344 30	345 40
6300	346 50	347 60	348 70	349 80	350 90
6400	352 »	353 10	354 20	355 30	356 40
6500	357 50	358 60	359 70	360 80	361 90
6600	363 »	364 10	365 20	366 30	367 40
6700	368 50	369 60	370 70	371 80	372 90
6800	374 »	375 10	376 20	377 30	378 40
6900	379 50	380 60	381 70	382 80	383 90
7000	385 »	386 10	387 20	388 30	389 40
7100	390 50	391 60	392 70	393 80	394 90
7200	396 »	397 10	398 20	399 30	400 40
7300	401 50	402 60	403 70	404 80	405 90
7400	407 »	408 10	409 20	410 30	411 40
7500	412 50	413 60	414 70	415 80	416 90
7600	418 »	419 10	420 20	421 30	422 40
7700	423 50	424 60	425 70	426 80	427 90
7800	429 »	430 10	431 20	432 30	433 40
7900	434 50	435 60	436 70	437 80	438 90
8000	440 »	441 10	442 20	443 30	444 40
8100	445 50	446 60	447 70	448 80	449 90
8200	451 »	452 10	453 20	454 30	455 40
8300	456 50	457 60	458 70	459 80	460 90
8400	462 »	463 10	464 20	465 30	466 40
8500	467 50	468 60	469 70	470 80	471 90
8600	473 »	474 10	475 20	476 30	477 40
8700	478 50	479 60	480 70	481 80	482 90
8800	484 »	485 10	486 20	487 30	488 40
8900	489 50	490 60	491 70	492 80	493 90
9000	495 »	496 10	497 20	498 30	499 40
9100	500 50	501 60	502 70	503 80	504 90
9200	506 »	507 10	508 20	509 30	510 40
9300	511 50	512 60	513 70	514 80	515 90
9400	517 »	518 10	519 20	520 30	521 40
9500	522 50	523 60	524 70	525 80	526 90
9600	528 »	529 10	530 20	531 30	532 40
9700	533 50	534 60	535 70	536 80	537 90
9800	539 »	540 10	541 20	542 30	543 40
9900	544 50	545 60	546 70	547 80	548 90

SOMMES.	DROITS.	20 F.ᵗ	40 F.ᵗ	60 F.ᵗ	80 F.ᵗ
fr.	fr. c.	1 30	2 60	3 90	5 20
100	6 50	7 80	9 10	10 40	11 70
200	13 »	14 30	15 60	16 90	18 20
300	19 50	20 80	22 10	23 40	24 70
400	26 »	27 30	28 60	29 90	31 20
500	32 50	33 80	35 10	36 40	37 70
600	39 »	40 30	41 60	42 90	44 20
700	45 50	46 80	48 10	49 40	50 70
800	52 »	53 30	54 60	55 90	57 20
900	58 50	59 80	61 10	62 40	63 70
1000	65 »	66 30	67 60	68 90	70 20
1100	71 50	72 80	74 10	75 40	76 70
1200	78 »	79 30	80 60	81 90	83 20
1300	84 50	85 80	87 10	88 40	89 70
1400	91 »	92 30	93 60	94 90	96 20
1500	97 50	98 80	100 10	101 40	102 70
1600	104 »	105 30	106 60	107 90	109 20
1700	110 50	111 80	113 10	114 40	115 70
1800	117 »	118 30	119 60	120 90	122 20
1900	123 50	124 80	126 10	127 40	128 70
2000	130 »	131 30	132 60	133 90	135 20
2100	136 50	137 80	139 10	140 40	141 70
2200	143 »	144 30	145 60	146 90	148 20
2300	149 50	150 80	152 10	153 40	154 70
2400	156 »	157 30	158 60	159 90	161 20
2500	162 50	163 80	165 10	166 40	167 70
2600	169 »	170 30	171 60	172 90	174 20
2700	175 50	176 80	178 10	179 40	180 70
2800	182 »	183 30	184 60	185 90	187 20
2900	188 50	189 80	191 10	192 40	193 70
3000	195 »	196 30	197 60	198 90	200 20
3100	201 50	202 80	204 10	205 40	206 70
3200	208 »	209 30	210 60	211 90	213 20
3300	214 50	215 80	217 10	218 40	219 70
3400	221 »	222 30	223 60	224 90	226 20
3500	227 50	228 80	230 10	231 40	232 70
3600	234 »	235 30	236 60	237 90	239 20
3700	240 50	241 80	243 10	244 40	245 70
3800	247 »	248 30	249 60	250 90	252 20
3900	253 50	254 80	256 10	257 40	258 70
4000	260 »	261 30	262 60	263 90	265 20
4100	266 50	267 80	269 10	270 40	271 70
4200	273 »	274 30	275 60	276 90	278 20
4300	279 50	280 80	282 10	283 40	284 70
4400	286 »	287 30	288 60	289 90	291 20
4500	292 50	293 80	295 10	296 40	297 70
4600	299 »	300 30	301 60	302 90	304 20
4700	305 50	306 80	308 10	309 40	310 70
4800	312 »	313 30	314 60	315 90	317 20
4900	318 50	319 80	321 10	322 40	323 70

DE 6 F. 50 C. P. °/°.

SOMMES.	DROITS.	20 F.s	40 F.s	60 F.s	80 F.s
		326 30	327 60	328 90	330 20
5000	325 »	332 80	334 10	335 40	336 70
5100	331 50	339 30	340 60	341 90	343 20
5200	338 »	345 80	347 10	348 40	349 70
5300	344 50	352 30	353 60	354 90	356 20
5400	351 »	358 80	360 10	361 40	362 70
5500	357 50	365 30	366 60	367 90	369 20
5600	364 »	371 80	373 10	374 40	375 70
5700	370 50	378 30	379 60	380 90	382 20
5800	377 »	384 80	386 10	387 40	388 70
5900	383 50	391 30	392 60	393 90	395 20
6000	390 »	397 80	399 10	400 40	401 70
6100	396 50	404 30	405 60	406 90	408 20
6200	403 »	410 80	412 10	413 40	414 70
6300	409 50	417 30	418 60	419 90	421 20
6400	416 »	423 80	425 10	426 40	427 70
6500	422 50	430 30	431 60	432 90	434 20
6600	429 »	436 80	438 10	439 40	440 70
6700	435 50	443 30	444 60	445 90	447 20
6800	442 »	449 80	451 10	452 40	453 70
6900	448 50	456 30	457 60	458 90	460 20
7000	455 »	462 80	464 10	465 40	466 70
7100	461 50	469 30	470 60	471 90	473 20
7200	468 »	475 80	477 10	478 40	479 70
7300	474 50	482 30	483 60	484 90	486 20
7400	481 »	488 80	490 10	491 40	492 70
7500	487 50	495 30	496 60	497 90	499 20
7600	494 »	501 80	503 10	504 40	505 70
7700	500 50	508 30	509 60	510 90	512 20
7800	507 »	514 80	516 10	517 40	518 70
7900	513 50	521 30	522 60	523 90	525 20
8000	520 »	527 80	529 10	530 40	531 70
8100	526 50	534 30	535 60	536 90	538 20
8200	533 »	540 80	542 10	543 40	544 70
8300	539 50	547 30	548 60	549 90	551 20
8400	546 »	553 80	555 10	556 40	557 70
8500	552 50	560 30	561 60	562 90	564 20
8600	559 »	566 80	568 10	569 40	570 70
8700	565 50	573 30	574 60	575 90	577 20
8800	572 »	579 80	581 10	582 40	583 70
8900	578 50	586 30	587 60	588 90	590 20
9000	585 »	592 80	594 10	595 40	596 70
9100	591 50	599 30	600 60	601 90	603 20
9200	598 »	605 80	607 10	608 40	609 70
9300	604 50	612 30	613 60	614 90	616 20
9400	611 »	618 80	620 10	621 40	622 70
9500	617 50	625 30	626 60	627 90	629 20
9600	624 »	631 80	633 10	634 40	635 70
9700	630 50	638 30	639 60	640 90	642 20
9800	637 »	644 80	646 10	647 40	648 70
9900	643 50				

SOMMES	DROITS.		20 F.s		40 F.s		60 F.s		80 F.s	
fr.	fr.	c.	1	40	2	80	4	20	5	60
100	7	»	8	40	9	80	11	20	12	60
200	14	»	15	40	16	80	18	20	19	60
300	21	»	22	40	23	80	25	20	26	60
400	28	»	29	40	30	80	32	20	33	60
500	35	»	36	40	37	80	39	20	40	60
600	42	»	43	40	44	80	46	20	47	60
700	49	»	50	40	51	80	53	20	54	60
800	56	»	57	40	58	80	60	20	61	60
900	63	»	64	40	65	80	67	20	68	60
1000	70	»	71	40	72	80	74	20	75	60
1100	77	»	78	40	79	80	81	20	82	60
1200	84	»	85	40	86	80	88	20	89	60
1300	91	»	92	40	93	80	95	20	96	60
1400	98	»	99	40	100	80	102	20	103	60
1500	105	»	106	40	107	80	109	20	110	60
1600	112	»	113	40	114	80	116	20	117	60
1700	119	»	120	40	121	80	123	20	124	60
1800	126	»	127	40	128	80	130	20	131	60
1900	133	»	134	40	135	80	137	20	138	60
2000	140	»	141	40	142	80	144	20	145	60
2100	147	»	148	40	149	80	151	20	152	60
2200	154	»	155	40	156	80	158	20	159	60
2300	161	»	162	40	163	80	165	20	166	60
2400	168	»	169	40	170	80	172	20	173	60
2500	175	»	176	40	177	80	179	20	180	60
2600	182	»	183	40	184	80	186	20	187	60
2700	189	»	190	40	191	80	193	20	194	60
2800	196	»	197	40	198	80	200	20	201	60
2900	203	»	204	40	205	80	207	20	208	60
3000	210	»	211	40	212	80	214	20	215	60
3100	217	»	218	40	219	80	221	20	222	60
3200	224	»	225	40	226	80	228	20	229	60
3300	231	»	232	40	233	80	235	20	236	60
3400	238	»	239	40	240	80	242	20	243	60
3500	245	»	246	40	247	80	249	20	250	60
3600	252	»	253	40	254	80	256	20	257	60
3700	259	»	260	40	261	80	263	20	264	60
3800	266	»	267	40	268	80	270	20	271	60
3900	273	»	274	40	275	80	277	20	278	60
4000	280	»	281	40	282	80	284	20	285	60
4100	287	»	288	40	289	80	291	20	292	60
4200	294	»	295	40	296	80	298	20	299	60
4300	301	»	302	40	303	80	305	20	306	60
4400	308	»	309	40	310	80	312	20	313	60
4500	315	»	316	40	317	80	319	20	320	60
4600	322	»	323	40	324	80	326	20	327	60
4700	329	»	330	40	331	80	333	20	334	60
4800	336	»	337	40	338	80	340	20	341	60
4900	343	»	344	40	345	80	347	20	348	60

DE 7 F. P. o/o.

SOMMES.	DROITS.	20 F.s	40 F.s	60 F.s	80 F.s
5000	350 »	351 40	352 80	354 20	355 60
5100	357 »	358 40	359 80	361 20	362 60
5200	364 »	365 40	366 80	368 20	369 60
5300	371 »	372 40	373 80	375 20	376 60
5400	378 »	379 40	380 80	382 20	383 60
5500	385 »	386 40	387 80	389 20	390 60
5600	392 »	393 40	394 80	396 20	397 60
5700	399 »	400 40	401 80	403 20	404 60
5800	406 »	407 40	408 80	410 20	411 60
5900	413 »	414 40	415 80	417 20	418 60
6000	420 »	421 40	422 80	424 20	425 60
6100	427 »	428 40	429 80	431 20	432 60
6200	434 »	435 40	436 80	438 20	439 60
6300	441 »	442 40	443 80	445 20	446 60
6400	448 »	449 40	450 80	452 20	453 60
6500	455 »	456 40	457 80	459 20	460 60
6600	462 »	463 40	464 80	466 20	467 60
6700	469 »	470 40	471 80	473 20	474 60
6800	476 »	477 40	478 80	480 20	481 60
6900	483 »	484 40	485 80	487 20	488 60
7000	490 »	491 40	492 80	494 20	495 60
7100	497 »	498 40	499 80	501 20	502 60
7200	504 »	505 40	506 80	508 20	509 60
7300	511 »	512 40	513 80	515 20	516 60
7400	518 »	519 40	520 80	522 20	523 60
7500	525 »	526 40	527 80	529 20	530 60
7600	532 »	533 40	534 80	536 20	537 60
7700	539 »	540 40	541 80	543 20	544 60
7800	546 »	547 40	548 80	550 20	551 60
7900	553 »	554 40	555 80	557 20	558 60
8000	560 »	561 40	562 80	564 20	565 60
8100	567 »	568 40	569 80	571 20	572 60
8200	574 »	575 40	576 80	578 20	579 60
8300	581 »	582 40	583 80	585 20	586 60
8400	588 »	589 40	590 80	592 20	593 60
8500	595 »	596 40	597 80	599 20	600 60
8600	602 »	603 40	604 80	606 20	607 60
8700	609 »	610 40	611 80	613 20	614 60
8800	616 »	617 40	618 80	620 20	621 60
8900	623 »	624 40	625 80	627 20	628 60
9000	630 »	631 40	632 80	634 20	635 60
9100	637 »	638 40	639 80	641 20	642 60
9200	644 »	645 40	646 80	648 20	649 60
9300	651 »	652 40	653 80	655 20	656 60
9400	658 »	659 40	660 80	662 20	663 60
9500	665 »	666 40	667 80	669 20	670 60
9600	672 »	673 40	674 80	676 20	677 60
9700	679 »	680 40	681 80	683 20	684 60
9800	686 »	687 40	688 80	690 20	691 60
9900	693 »	694 40	695 80	697 20	698 60

SOMMES.	DROITS.	20 F.ˢ	40 F.ˢ	60 F.ˢ	80 F.ˢ
fr.	fr. c.	1 70	3 40	5 10	6 80
100	8 50	10 20	11 90	13 60	15 30
200	17 »	18 70	20 40	22 10	23 80
300	25 50	27 20	28 90	30 60	32 30
400	34 »	35 70	37 40	39 10	40 80
500	42 50	44 20	45 90	47 60	49 30
600	51 »	52 70	54 40	56 10	57 80
700	59 50	61 20	62 90	64 60	66 30
800	68 »	69 70	71 40	73 10	74 80
900	76 50	78 20	79 90	81 60	83 30
1000	85 »	86 70	88 40	90 10	91 80
1100	93 50	95 20	96 90	98 60	100 30
1200	102 »	103 70	105 40	107 10	108 80
1300	110 50	112 20	113 90	115 60	117 30
1400	119 »	120 70	122 40	124 10	125 80
1500	127 50	129 20	130 90	132 60	134 30
1600	136 »	137 70	139 40	141 10	142 80
1700	144 50	146 20	147 90	149 60	151 30
1800	153 »	154 70	156 40	158 10	159 80
1900	161 50	163 20	164 90	166 60	168 30
2000	170 »	171 70	173 40	175 10	176 80
2100	178 50	180 20	181 90	183 60	185 30
2200	187 »	188 70	190 40	192 10	193 80
2300	195 50	197 20	198 90	200 60	202 30
2400	204 »	205 70	207 40	209 10	210 80
2500	212 50	214 20	215 90	217 60	219 30
2600	221 »	222 70	224 40	226 10	227 80
2700	229 50	231 20	232 90	234 60	236 30
2800	238 »	239 70	241 40	243 10	244 80
2900	246 50	248 20	249 90	251 60	253 30
3000	255 »	256 70	258 40	260 10	261 80
3100	263 50	265 20	266 90	268 60	270 30
3200	272 »	273 70	275 40	277 10	278 80
3300	280 50	282 20	283 90	285 60	287 30
3400	289 »	290 70	292 40	294 10	295 80
3500	297 50	299 20	300 90	302 60	304 30
3600	306 »	307 70	309 40	311 10	312 80
3700	314 50	316 20	317 90	319 60	321 30
3800	323 »	324 70	326 40	328 10	329 80
3900	331 50	333 20	334 90	336 60	338 30
4000	340 »	341 70	343 40	345 10	346 80
4100	348 50	350 20	351 90	353 60	355 30
4200	357 »	358 70	360 40	362 10	363 80
4300	365 50	367 20	368 90	370 60	372 30
4400	374 »	375 70	377 40	379 10	380 80
4500	382 50	384 20	385 90	387 60	389 30
4600	391 »	392 70	394 40	396 10	397 80
4700	399 50	401 20	402 90	404 60	406 30
4800	408 »	409 70	411 40	413 10	414 80
4900	416 50	418 20	419 90	421 60	423 30

SOMMES.	DROITS	20 F.ˢ	40 F.ˢ	60 F.ˢ	80 F.ˢ
5000	425 »	426 70	428 40	430 10	431 80
5100	433 50	435 20	436 90	438 60	440 30
5200	442 »	443 70	445 40	447 10	448 80
5300	450 50	452 20	453 90	455 60	457 30
5400	459 »	460 70	462 40	464 10	465 80
5500	467 50	469 20	470 90	472 60	474 30
5600	476 »	477 70	479 40	481 10	482 80
5700	484 50	486 20	487 90	489 60	491 30
5800	493 »	494 70	496 40	498 10	499 80
5900	501 50	503 20	504 90	506 60	508 30
6000	510 »	511 70	513 40	515 10	516 80
6100	518 50	520 20	521 90	523 60	525 30
6200	527 »	528 70	530 40	532 10	533 80
6300	535 50	537 20	538 90	540 60	542 30
6400	544 »	545 70	547 40	549 10	550 80
6500	552 50	554 20	555 90	557 60	559 30
6600	561 »	562 70	564 40	566 10	567 80
6700	569 50	571 20	572 90	574 60	576 30
6800	578 »	579 70	581 40	583 10	584 80
6900	586 50	588 20	589 90	591 60	593 30
7000	595 »	596 70	598 40	600 10	601 80
7100	603 50	605 20	606 90	608 60	610 30
7200	612 »	613 70	615 40	617 10	618 80
7300	620 50	622 20	623 90	625 60	627 30
7400	629 »	630 70	632 40	634 10	635 80
7500	637 50	639 20	640 90	642 60	641 30
7600	646 »	647 70	649 40	651 10	652 80
7700	654 50	656 20	657 90	659 60	661 30
7800	663 »	664 70	666 40	668 10	669 80
7900	671 50	673 20	674 90	676 60	678 30
8000	680 »	681 70	683 40	685 10	686 80
8100	688 50	690 20	691 90	693 60	695 30
8200	697 »	698 70	700 40	702 10	703 80
8300	705 50	707 20	708 90	710 60	712 30
8400	714 »	715 70	717 40	719 10	720 80
8500	722 50	724 20	725 90	727 60	729 30
8600	731 »	732 70	734 40	736 10	737 80
8700	739 50	741 20	742 90	744 60	746 30
8800	748 »	749 70	751 40	753 10	754 80
8900	756 50	758 20	759 90	761 60	763 30
9000	765 »	766 70	768 40	770 10	771 80
9100	773 50	775 20	776 90	778 60	780 30
9200	782 »	783 70	785 40	787 10	788 80
9300	790 50	792 20	793 90	795 60	797 30
9400	799 »	800 70	802 40	804 10	805 80
9500	807 50	809 20	810 90	812 60	814 30
9600	816 »	817 70	819 40	821 10	822 80
9700	824 50	826 20	827 90	829 60	831 30
9800	833 »	834 70	836 40	838 10	839 80
9900	841 50	843 20	844 90	846 60	848 30

EXPLICATION. — Lorsque la redevance surpasse seulement d'un centime les sommes exprimées dans la 1.re colonne, c'est comme si elle était de celle qui suit immédiatement.

Red. ann.les charges et impôts compris.		Droit, décime non compris.		100 F.s		200 F.s		300 F.s		400 F.s	
Jusqu'à		fr.	c.	1	80	3	60	5	40	7	20
2	22	»	4	1	84	3	64	5	44	7	24
4	44	»	8	1	88	3	68	5	48	7	28
6	66	»	12	1	92	3	72	5	52	7	32
8	88	»	16	1	96	3	76	5	56	7	36
11	11	»	20	2	»	3	80	5	60	7	40
13	33	»	24	2	4	3	84	5	64	7	44
15	55	»	28	2	8	3	88	5	68	7	48
17	77	»	32	2	12	3	92	5	72	7	52
20	»	»	36	2	16	3	96	5	76	7	56
22	22	»	40	2	20	4	»	5	80	7	60
24	44	»	44	2	24	4	4	5	84	7	64
26	66	»	48	2	28	4	8	5	88	7	68
28	88	»	52	2	32	4	12	5	92	7	72
31	11	»	56	2	36	4	16	5	96	7	76
33	33	»	60	2	40	4	20	6	»	7	80
35	55	»	64	2	44	4	24	6	4	7	84
37	77	»	68	2	48	4	28	6	8	7	88
40	»	»	72	2	52	4	32	6	12	7	92
42	22	»	76	2	56	4	36	6	16	7	96
44	44	»	80	2	60	4	40	6	20	8	»
46	66	»	84	2	64	4	44	6	24	8	4
48	88	»	88	2	68	4	48	6	28	8	8
51	11	»	92	2	72	4	52	6	32	8	12
53	33	»	96	2	76	4	56	6	36	8	16
55	55	1	»	2	80	4	60	6	40	8	20
57	77	1	4	2	84	4	64	6	44	8	24
60	»	1	8	2	88	4	68	6	48	8	28
62	22	1	12	2	92	4	72	6	52	8	32
64	44	1	16	2	96	4	76	6	56	8	36
66	66	1	20	3	»	4	80	6	60	8	40
68	88	1	24	3	4	4	84	6	64	8	44
71	11	1	28	3	8	4	88	6	68	8	48
73	33	1	32	3	12	4	92	6	72	8	52
75	55	1	36	3	16	4	96	6	76	8	56
77	77	1	40	3	20	5	»	6	80	8	60
80	»	1	44	3	24	5	4	6	84	8	64
82	22	1	48	3	28	5	8	6	88	8	68
84	44	1	52	3	32	5	12	6	92	8	72
86	66	1	56	3	36	5	16	6	96	8	76
88	88	1	60	3	40	5	20	7	»	8	80
91	11	1	64	3	44	5	24	7	4	8	84
93	33	1	68	3	48	5	28	7	8	8	88
95	55	1	72	3	52	5	32	7	12	8	92
97	77	1	76	3	56	5	36	7	16	8	96
100	»	1	80	3	60	5	40	7	20	9	»

Pour les redevances de 100 f. jusqu'à 1000, on supplée à l'insuffisance de la 1.re colonne, par les têtes des autres. Le droit pour un loyer de 2000 f. est celui d'un loyer de 200 f. en y ajoutant un zéro.

Red. ann.les charges et impôts compris.		500 F.[s]		600 F.[s]		700 F.[s]		800 F.[s]		900 F.[s]	
Jusqu'à		9	»	10	80	12	60	14	40	16	20
2	22	9	4	10	84	12	64	14	44	16	24
4	44	9	8	10	88	12	68	14	48	16	28
6	66	9	12	10	92	12	72	14	52	16	32
8	88	9	16	10	96	12	76	14	56	16	36
11	11	9	20	11	»	12	80	14	60	16	40
13	33	9	24	11	4	12	84	14	64	16	44
15	55	9	28	11	8	12	88	14	68	16	48
17	77	9	32	11	12	12	92	14	72	16	52
20	»	9	36	11	16	12	96	14	76	16	56
22	22	9	40	11	20	13	»	14	80	16	60
24	44	9	44	11	24	13	4	14	84	16	64
26	66	9	48	11	28	13	8	14	88	16	68
28	88	9	52	11	32	13	12	14	92	16	72
31	11	9	56	11	36	13	16	14	96	16	76
33	33	9	60	11	40	13	20	15	»	16	80
35	55	9	64	11	44	13	24	15	4	16	84
37	77	9	68	11	48	13	28	15	8	16	88
40	»	9	72	11	52	13	32	15	12	16	92
42	22	9	76	11	56	13	36	15	16	16	96
44	44	9	80	11	60	13	40	15	20	17	»
46	66	9	84	11	64	13	44	15	24	17	4
48	88	9	88	11	68	13	48	15	28	17	8
51	11	9	92	11	72	13	52	15	32	17	12
53	33	9	96	11	76	13	55	15	36	17	16
55	55	10	»	11	80	13	60	15	40	17	20
57	77	10	4	11	84	13	64	15	44	17	24
60	»	10	8	11	88	13	68	15	48	17	28
62	22	10	12	11	92	13	72	15	52	17	32
64	44	10	16	11	96	13	76	15	56	17	36
66	66	10	20	12	»	13	80	15	60	17	40
68	88	10	24	12	4	13	84	15	64	17	44
71	11	10	28	12	8	13	88	15	68	17	48
73	33	10	32	12	12	13	92	15	72	17	52
75	55	10	36	12	16	13	96	15	76	17	56
77	77	10	40	12	20	14	»	15	80	17	60
80	»	10	44	12	24	14	4	15	84	17	64
82	22	10	48	12	28	14	8	15	88	17	68
84	44	10	52	12	32	14	12	15	92	17	72
86	66	10	55	12	36	14	16	15	96	17	76
88	88	10	60	12	40	14	20	16	»	17	80
91	11	10	64	12	44	14	24	16	4	17	84
93	33	10	68	12	48	14	28	16	8	17	88
95	55	10	72	12	52	14	32	16	12	17	92
97	77	10	76	12	56	14	36	16	16	17	96
100	»	10	80	12	60	14	40	16	20	18	»

NOMBRE.	DROIT du Trésor.		DÉCIME du Greffier.		TOTAL.		DÉCIME du Trésor.		TOTAL.	
1	»	70	»	3	»	73	»	7	»	80
2	1	40	»	6	1	46	»	14	1	60
3	2	10	»	9	2	19	»	21	2	40
4	2	80	»	12	2	92	»	28	3	20
5	3	50	»	15	3	65	»	35	4	»
6	4	20	»	18	4	38	»	42	4	80
7	4	90	»	21	5	11	»	49	5	60
8	5	60	»	24	5	84	»	56	6	40
9	6	30	»	27	6	57	»	63	7	20
10	7	»	»	30	7	30	»	70	8	»
11	7	70	»	33	8	3	»	77	8	80
12	8	40	»	36	8	76	»	84	9	60
13	9	10	»	39	9	49	»	91	10	40
14	9	80	»	42	10	22	»	98	11	20
15	10	50	»	45	10	95	1	5	12	»
16	11	20	»	48	11	68	1	12	12	80
17	11	90	»	51	12	41	1	19	13	60
18	12	60	»	54	13	14	1	26	14	40
19	13	30	»	57	13	87	1	33	15	20
20	14	»	»	60	14	60	1	40	16	»
21	14	70	»	63	15	33	1	47	16	80
22	15	40	»	66	16	6	1	54	17	60
23	16	10	»	69	16	79	1	61	18	40
24	16	80	»	72	17	52	1	68	19	20
25	17	50	»	75	18	25	1	75	20	»
26	18	20	»	78	18	98	1	82	20	80
27	18	90	»	81	19	71	1	89	21	60
28	19	60	»	84	20	44	1	96	22	40
29	20	30	»	87	21	17	2	3	23	20
30	21	»	»	90	21	90	2	10	24	»
31	21	70	»	93	22	63	2	17	24	80
32	22	40	»	96	23	36	2	24	25	60
33	23	10	»	99	24	9	2	31	26	40
34	23	80	1	2	24	82	2	38	27	20
35	24	50	1	5	25	55	2	45	28	»
36	25	20	1	8	26	28	2	52	28	80
37	25	90	1	11	27	1	2	59	29	60
38	26	60	1	14	27	74	2	66	30	40
39	27	30	1	17	28	47	2	73	31	20
40	28	»	1	20	29	20	2	80	32	»
41	28	70	1	23	29	93	2	87	32	60
42	29	40	1	26	30	66	2	94	33	60
43	30	10	1	29	31	39	3	1	34	40
44	30	80	1	32	32	12	3	8	35	20
45	31	50	1	35	32	85	3	15	36	»
46	32	20	1	38	33	58	3	22	36	80
47	32	90	1	41	34	31	3	29	37	60
48	33	60	1	44	35	4	3	36	38	40
49	34	30	1	47	35	77	3	43	39	20
50	35	»	1	50	36	50	3	50	40	»

NOMBRE.	DROIT du Trésor.	DÉCIME du Greffier.	TOTAL.	DÉCIME du Trésor.	TOTAL.
1	» 95	» 3	» 98	» 10	1 8
2	1 90	» 6	1 96	» 19	2 15
3	2 85	» 9	2 94	» 29	3 23
4	3 80	» 12	3 92	» 38	4 30
5	4 75	» 15	4 90	» 48	5 38
6	5 70	» 18	5 88	» 57	6 45
7	6 65	» 21	6 86	» 67	7 53
8	7 60	» 24	7 84	» 76	8 60
9	8 55	» 27	8 82	» 86	9 68
10	9 50	» 30	9 80	» 95	10 75
11	10 45	» 33	10 78	1 5	11 83
12	11 40	» 36	11 76	1 14	12 90
13	12 35	» 39	12 74	1 24	13 98
14	13 30	» 42	13 72	1 33	15 5
15	14 25	» 45	14 70	1 43	16 13
16	15 20	» 48	15 68	1 52	17 20
17	16 15	» 51	16 66	1 62	18 28
18	17 10	» 54	17 64	1 71	19 35
19	18 5	» 57	18 62	1 81	20 43
20	19 »	» 60	19 60	1 90	21 50
21	19 95	» 63	20 58	2 »	22 58
22	20 90	» 66	21 56	2 9	23 65
23	21 85	» 69	22 54	2 19	24 73
24	22 80	» 72	23 52	2 28	25 80
25	23 75	» 75	24 50	2 38	26 88
26	24 70	» 78	25 48	2 47	27 95
27	25 65	» 81	26 46	2 57	29 3
28	26 60	» 84	27 44	2 66	30 10
29	27 55	» 87	28 42	2 76	31 18
30	28 50	» 90	29 40	2 85	32 25
31	29 45	» 93	30 38	2 95	33 33
32	30 40	» 96	31 36	3 4	34 40
33	31 35	» 99	32 34	3 14	35 48
34	32 30	1 2	33 32	3 23	36 55
35	33 25	1 5	34 30	3 33	37 63
36	34 20	1 8	35 28	3 42	38 70
37	35 15	1 11	36 26	3 52	39 78
38	36 10	1 14	37 24	3 61	40 85
39	37 5	1 17	38 22	3 71	41 93
40	38 »	1 20	39 20	3 80	43 »
41	38 95	1 23	40 18	3 90	44 8
42	39 90	1 26	41 16	3 99	45 15
43	40 85	1 29	42 14	4 9	46 23
44	41 80	1 32	43 12	4 18	47 30
45	42 75	1 35	44 10	4 28	48 38
46	43 70	1 38	45 8	4 37	49 45
47	44 65	1 41	46 6	4 47	50 53
48	45 60	1 44	47 4	4 56	51 60
49	46 55	1 47	48 2	4 66	52 68
50	47 50	1 50	49 »	4 75	53 75

TARIF DES DROITS D'HYPOTHÈQUE.

Droit d'inscription des créances hypothécaires. Art. 62 de la loi du 28 avril 1816, I. g. n. 1146, § 14,   1 f. p. 1000 f.

S'il y a lieu à inscription dans plusieurs bureaux, le droit est acquitté dans le premier, et il n'est dû, dans les autres, que le salaire du préposé, en justifiant du payement entier du droit, lors de la première inscription. Art. 22 de la loi du 21 ventôse an 7.

Droit de transcription des donations faites aux hospices et aux pauvres. Loi du 7 pluviôse an 12,   1 f. f.

Pour les autres actes, voyez le tarif des droits d'enregistrement, au mot transcription.

Salaires des Conservateurs, suivant le décret du 21 septembre 1810.

1. Pour l'enregistrement et la reconnaissance des dépôts d'actes des mutations pour être transcrits, ou de bordereaux pour être inscrits, I. g. n.° 494,   25 c.

2. Pour inscription de chaque droit d'hypothèque ou privilège, quelque soit le nombre des créanciers, si la formalité est requise par le même bordereau.   1 f.

3. Pour chaque inscription faite d'office par le conservateur, en vertu d'un acte translatif de propriété soumis à la transcription.   1 f.

4. Pour chaque déclaration, soit de changement de domicile, soit de subrogation, soit de tous les deux, par le même acte.   50 c.

5. Pour chaque rédaction d'inscription.   1 f.

6. Pour chaque extrait d'inscription, ou certificat qu'il n'en existe aucune.   1 f.

7. Pour la transcription de chaque acte de mutation, par rôle d'écriture du conservateur, de 25 lignes à la page et de 18 syllabes à la ligne. 1 f.

8. Pour chaque certificat de non transcription d'acte de mutation.   1 f.

9. Pour les copies collationnées des actes déposés ou transcrits dans les bureaux des hypothèques, par rôle d'écriture de 25 lignes à la page et 18 syllabes à la ligne.   1 f.

10. Pour chaque duplicata de quittance.   25 c.

11. Pour la transcription de chaque procès-verbal de saisie immobilière (art. 677 du Code de procédure), par rôle d'écriture du conservateur, comme au n.° 9 ci-dessus.   1 f.

12. Pour l'enregistrement de la dénonciation de la saisie immobilière au saisi, et la mention qui en est faite en marge des registres. (Art. 681 du Code de procédure.)   1 f.

13. Pour l'enregistrement de chaque exploit de notification de placards aux créanciers inscrits (art. 696 du C. de p.), tenant lieu de l'inscription des exploits de notification des procès-verbaux d'affiches. 1 f.

14. Pour l'acte du conservateur, constatant son refus de transcription, en cas de précédente saisie. (Art. 679 du C. de p.)   1 f.

15. Pour la radiation de la saisie immobilière. (Art. 696 du C. de p.) 1 f.

Quantités.	à » f. 35 c.	à » f. 70 c.	à 1 f. 25 c.	à 1 f. 50 c.	à 2 f. » c.
1 feuil.	» 35	» 70	1 25	1 50	2 »
2	» 70	1 40	2 50	3 »	4 »
3	1 5	2 10	3 75	4 50	6 »
4	1 40	2 80	5 »	6 »	8 »
5	1 75	3 50	6 25	7 50	10 »
6	2 10	4 20	7 50	9 »	12 »
7	2 45	4 90	8 75	10 50	14 »
8	2 80	5 60	10 »	12 »	16 »
9	3 15	6 30	11 25	13 50	18 »
10	3 50	7 »	12 50	15 »	20 »
11	3 85	7 70	13 75	16 50	22 »
12	4 20	8 40	15 »	18 »	24 »
13	4 55	9 10	16 25	19 50	26 »
14	4 90	9 80	17 50	21 »	28 »
15	5 25	10 50	18 75	22 50	30 »
16	5 60	11 20	20 »	24 »	32 »
17	5 95	11 90	21 25	25 50	34 »
18	6 30	12 60	22 50	27 »	36 »
19	6 65	13 30	23 75	28 50	38 »
20	7 »	14 »	25 »	30 »	40 »
21	7 35	14 70	26 25	31 50	42 »
22	7 70	15 40	27 50	33 »	44 »
23	8 5	16 10	28 75	34 50	46 »
24	8 40	16 80	30 »	36 »	48 »
1 main	17 50	17 50	31 25	37 50	50 »
2	35 »	35 »	62 50	75 »	100 »
3	52 50	52 50	93 75	112 50	150 »
4	70 »	70 »	125 »	150 »	200 »
5	87 50	87 50	156 25	187 50	250 »
6	105 »	105 »	187 50	225 »	300 »
7	122 50	122 50	218 75	262 50	350 »
8	140 »	140 »	250 »	300 »	400 »
9	157 50	157 50	281 25	337 50	450 »
10	175 »	175 »	312 50	375 »	500 »
11	192 50	192 50	343 75	412 50	550 »
12	210 »	210 »	375 »	450 »	600 »
13	227 50	227 50	406 25	487 50	650 »
14	245 »	245 »	437 50	525 »	700 »
15	262 50	262 50	468 75	562 50	750 »
16	280 »	280 »	500 »	600 »	800 »
17	297 50	297 50	531 25	637 50	850 »
18	315 »	315 »	562 50	712 50	900 »
19	332 50	332 50	593 75	750 »	950 »
1 rame.	350 »	350 »	625 »	1500 »	1000 »
2	700 »	700 »	1250 »	2250 »	2000 »
3	1050 »	1050 »	1875 »	3000 »	3000 »
4	1400 »	1400 »	2500 »	3750 »	4000 »
5	1750 »	1750 »	3125 »	4500 »	5000 »
6	2100 »	210c »	3750 »	5250 »	6000 »
7	2450 »	2450 »	4375 »		7000 »

Nomb.	500 f.	1000 f.	2000 f.	3000 f.	4000 f.	5000 f.	6000 f.
1	» 35	» 70	1 40	2 10	2 80	3 50	4 20
2	» 70	1 40	2 80	4 20	5 60	7 »	8 40
3	1 5	2 10	4 20	6 30	8 40	10 50	12 60
4	1 40	2 80	5 60	8 40	11 20	14 »	16 80
5	1 75	3 50	7 »	10 50	14 »	17 50	21 »
6	2 10	4 20	8 40	12 60	16 80	21 »	25 20
7	2 45	4 90	9 80	14 70	19 60	24 50	29 40
8	2 80	5 60	11 20	16 80	22 40	28 »	33 60
9	3 15	6 30	12 60	18 90	25 20	31 50	37 80
10	3 50	7 »	14 »	21 »	28 »	35 »	42 »
11	3 85	7 70	15 40	23 10	30 80	38 50	46 20
12	4 20	8 40	16 80	25 20	33 60	42 »	50 40
13	4 55	9 10	18 20	27 30	36 40	45 50	54 60
14	4 90	9 80	19 60	29 40	39 20	49 »	58 80
15	5 25	10 50	21 »	31 50	42 »	52 50	63 »
16	5 60	11 20	22 40	33 60	44 80	56 »	67 20
17	5 95	11 90	23 80	35 70	47 60	59 50	71 40
18	6 30	12 60	25 20	37 80	50 40	63 »	75 60
19	6 65	13 30	26 60	39 90	53 20	65 50	79 80
20	7 »	14 »	28 »	42 »	56 »	70 »	84 »
21	7 35	14 70	29 40	44 10	58 80	73 50	88 20
22	7 70	15 40	30 80	46 20	61 60	77 »	92 40
23	8 5	16 10	32 20	48 30	64 40	80 50	96 60
24	8 40	16 80	33 60	50 40	67 20	84 »	100 80
25	8 75	17 50	35 »	52 50	70 »	87 50	105 »
26	9 10	18 20	36 40	54 60	72 80	91 »	109 20
27	9 45	18 90	37 80	56 70	75 60	94 50	113 40
28	9 80	19 60	39 20	58 80	78 40	98 »	117 60
29	10 15	20 30	40 60	60 90	81 20	101 50	121 80
30	10 50	21 »	42 »	63 »	84 »	105 »	126 »
31	10 85	21 70	43 40	65 10	86 80	108 50	130 20
32	11 20	22 40	44 80	67 20	89 60	112 »	134 40
33	11 55	23 10	46 20	69 30	92 40	115 50	138 60
34	11 90	23 80	47 60	71 40	95 20	119 »	142 80
35	12 25	24 50	49 »	73 50	98 »	122 50	147 »
36	12 60	25 20	50 40	75 60	100 80	126 »	151 20
37	12 95	25 90	51 80	77 70	103 60	129 50	155 40
38	13 30	26 60	53 20	79 80	106 40	133 »	159 60
39	13 65	27 30	54 60	81 90	109 20	136 50	163 80
40	14 »	28 »	56 »	84 »	112 »	140 »	168 »
41	14 35	28 70	57 40	86 10	114 80	143 50	172 20
42	14 70	29 40	58 80	88 20	117 60	147 »	176 40
43	15 5	30 10	60 20	90 30	120 40	150 50	180 60
44	15 40	30 80	61 60	92 40	123 20	154 »	184 80
45	15 75	31 50	63 »	94 50	126 »	157 50	189 »
46	16 10	32 20	64 40	96 60	128 80	161 »	193 20
47	16 45	32 90	65 80	98 70	131 60	164 50	197 40
48	16 80	33 60	67 20	100 80	134 40	168 »	201 60
49	17 15	34 30	68 60	102 90	137 20	171 50	205 80
50	17 50	35 »	70 »	105 »	140 »	175 »	210 »

Nomb.	7000 f.	8000 f.	9000 f.	1000 f.	11000 f.	12000 f.	13000 f.
1	4 90	5 60	6 30	7 »	7 70	8 40	9 10
2	9 80	11 20	12 60	14 »	15 40	16 80	18 20
3	14 70	16 80	18 90	21 »	23 10	25 20	27 30
4	19 60	22 40	25 20	28 »	30 80	33 60	36 40
5	24 50	28 »	31 50	35 »	38 50	42 »	45 50
6	29 40	33 60	37 80	42 »	46 20	50 40	54 60
7	34 30	39 20	44 10	49 »	53 90	58 80	63 70
8	39 20	44 80	50 40	56 »	61 60	67 20	72 80
9	44 10	50 40	56 70	63 »	69 30	75 60	81 90
10	49 »	56 »	63 »	70 »	77 »	84 »	91 »
11	53 90	61 60	69 30	77 »	84 70	92 40	100 10
12	58 80	67 20	75 60	84 »	92 40	100 80	109 20
13	63 70	72 80	81 90	91 »	102 10	109 20	118 30
14	68 60	78 40	88 20	98 »	107 80	117 60	127 40
15	73 50	84 »	94 50	105 »	115 50	126 »	136 50
16	78 40	89 60	100 80	112 »	123 20	134 40	145 60
17	83 30	95 20	107 10	119 »	130 90	142 80	154 70
18	88 20	100 80	113 40	126 »	138 60	151 20	163 80
19	93 10	106 40	119 70	133 »	146 30	159 60	172 90
20	98 »	112 »	126 »	140 »	154 »	168 »	182 »
21	102 90	117 60	132 30	147 »	161 70	176 40	191 10
22	107 80	123 20	138 60	154 »	169 40	184 80	200 20
23	112 70	128 80	144 90	161 »	177 10	193 20	209 30
24	117 60	134 40	151 20	168 »	184 80	201 60	218 40

Nomb.	14000 f.	15000 f.	16000 f.	17000 f	18000 f.	19000 f	20000 f.
1	9 80	10 50	11 20	11 90	12 60	13 30	14 »
2	19 60	21 »	22 40	23 80	25 20	26 60	28 »
3	29 40	31 50	33 60	35 70	37 80	39 90	42 »
4	39 20	42 »	44 80	47 60	50 40	53 20	56 »
5	49 »	52 50	56 »	59 50	63 »	66 50	70 »
6	58 80	63 »	67 20	71 40	75 60	79 80	84 »
7	68 60	73 50	78 40	83 30	88 20	93 10	98 »
8	78 40	84 »	89 60	95 20	100 80	106 40	112 »
9	88 20	94 50	100 80	107 10	113 40	119 70	126 »
10	98 »	105 »	112 »	119 »	126 »	133 »	140 »
11	107 80	115 50	123 20	130 90	138 60	146 30	154 »
12	117 60	126 »	134 40	142 80	151 20	159 60	168 »
13	127 40	136 50	145 60	154 70	163 80	172 90	182 »
14	137 20	147 »	156 80	166 60	176 40	186 20	196 »
15	147 »	157 50	168 »	178 50	189 »	199 50	210 »
16	156 80	168 »	179 20	290 40	201 60	212 80	224 »
17	166 60	178 50	190 40	202 30	214 20	226 10	238 »
18	176 40	189 »	201 60	214 20	226 80	239 40	252 »
19	186 20	199 50	212 80	226 10	239 40	252 70	266 »
20	196 »	210 »	224 »	238 »	252 »	266 »	280 »
21	205 80	220 50	235 20	249 90	264 60	279 30	294 »
22	215 60	231 »	246 40	261 80	277 20	292 60	308 »
23	225 40	241 50	257 60	273 70	289 80	305 90	322 »
24	235 20	252 »	268 80	285 60	302 40	319 20	336 »

TABLEAU du Prix moyen des Grains et Denrées, formé d'après ceux des quatorze années antérieures, les deux plus fortes et les deux plus faibles précédemment déduites. (Art. 75 de la loi du 15 Mai 1818.)

ANNÉES.	FROMENT.										
	l'hectolitre	l'hectolitre.									
1825.											
1826.											
1827.											
1828.											
1829.											
1830.											
1831.											
1832.											
1833.											
1834.											
1835.											
1836.											
1837.											
1838.											

RAPPORTS RÉCIPROQUES

DES POIDS, MESURES ET MONNAIES,

PAR ORDRE ALPHABÉTIQUE.

Nota. (100.ᵉ 1) après centiare signifie qu'il est la centième partie de l'are, mesure principale numérotée 1; comme (100 f. 1) après hectare indique qu'il contient cent fois la même mesure : ainsi du reste.

1 Are. —
- 26 toises carrées 32 (*32 est la fraction.*)
- 2 perches de 18 pieds 9249.
- 2 perches de 20 pieds 3692.
- 1 perche de 22 pieds 9580.

2
3 Arpent de 100 perches.
- de 18 pieds. — o hect. 34189.
- de 20 pieds. — o hect. 42208.
- de 22 pieds. — o hect. 51072.

4 Aune de Paris (3 pieds 7 pouces 11 lignes.) — 1 mètre 18845.
5 Boisseau. — 13 litres 008.

Centiare (100.ᵉ 1.) —
- o toise carrée 26.
- o perche de 18 pieds 0292.
- o perche de 20 pieds 0237.
- o perche de 22 pieds 0196.

Centigramme (100.ᵉ 7.) — o grain 188.
Centilitre (100.ᵉ 11.) —
- o pouce cube 5041.
- o litron 0123.

Centime (100.ᵉ 6.) — 2 deniers 43.
Centimètre (100ᵉ 14.) — 4 lignes 433.
Centimètre carré (10,000.ᵉ 15.) — o pouce carré 1364662.
Centimètre cube (1,000,000.ᵉ 16.) — o pouce cube 050412.
Centistère (100.ᵉ 22.) —
- o corde 0026.
- o solive 0973.

Cheville (432.ᵉ 21.) — o stère 000238.
Corde (112 pieds cubes.) — 3 stères 839.
Décagramme (10 f. 7.) — 2 gros 44 grains 27.
Décalitre (10 f. 11.). —
- o pied cube 2917.
- 10 pintes de Paris 737.
- o boisseau 7687.
- 12 litrons 300.

Décamètre (10 f. 14.) — 5 toises o pieds 9 pouces 4 lignes 959.
Décamètre carré (100 f. 15.) — 26 toises carrées 32.
Décigramme (10.ᵉ 7.) — 1 grain 883.
Décilitre (10.ᵉ 11.) —
- 5 pouces cubes 0412.
- o litron 123.

Décime (10.ᵉ 6.) — 2 sous o denier 30.
Décimètre (10.ᵉ 14.) — 3 pouces 8 lignes 330.
Décimètre carré (100.ᵉ 15.) — o pied carré 0947682.

7.*

Décimètre cube (1000.e 16.) — o pied cube 0291739.

Décistère (10.e 22.) — { o corde 0261.
{ o solive 9725.

Denier (240.e 13.) — o franc 004.

Denier (384.e 12.) — o kilog. 001275.

Dragme. *Voyez* gros.

6 Franc. — 1 livre o sou 3 deniers.

Grain (9216.e 12.) — o kilog. 0000531.

7 Gramme. — 18 grains 827.

Gros (128.e 12.) — o kilog. 003824.

Hectare (100 f. 1.) — { 2632 toises carrées 45.
{ 2 arpens de 100 perches de 18 pieds 9249.
{ 2 arpens de 100 perches de 20 pieds 3692.
{ 1 arpent de 100 perches de 22 pieds 9580.

Hectogramme (100 f. 7.) — 3 onces 2 gros 10 grains 72.

Hectolitre (100 f. 11.) — { 2 pieds cubes 9174.
{ o muid de vin de Paris 3728.
{ o setier de blé de Paris 6406.

Hectomètre (100 f. 14.) — 51 toises 1 pied 10 pouces 1 ligne 593.

Hectomètre carré (10,000 f. 15.) — 2632 toises carrées 45.

Kilogramme (1000 f. 7.) — 2 livres o once 5 gros 35 grains 15.

Kilolitre (1000 f. 11.) — { 29 pieds cubes 1739.
{ 3 muids de vin de Paris 728.
{ 6 setiers de blé de Paris 406.

Kilomètre (1000 f. 14.) — { 513 toises o pied 5 pouces 3 lig. 936.
{ o lieue terrestre 225.
{ o lieue marine 18.

Kilomètre carré (1,000,000 f. 15.) — 263,244 toises carrées 93.

8 Lieue carrée. — 19 Myriares 75309.

9 Lieue marine. (2850 toises 41.) — 5 kilomètres 5556.

10 Lieue terrestre (2280 toises 33.) — 4 kilomètres 4444.

Ligne (144.e 17.) — o mètre 002256.

Ligne carrée (20,736.^e 18.) — o mètre carré 00005089.

Ligne cube (2,985,984.^e 19.) — o mètre cube 00000001148.

11 Litre (décimètre cube.) — { 50 pouces cubes 4124.
{ 1 pinte de Paris 0737.
{ o boisseau 07687.
{ 1 litron 23.

Litron (16.e 5.) — o litre 8130.

12 Livre. — o kilogramme 48951.

13 Livre. — o franc 988.

Marc (2.e 12.) — o kilogramme 24476.

14 Mètre. — { 3 pieds o pouce 11 lignes 296.
{ o aune de Paris 84144.

15 Mètre carré. — o toise carrée 263245.

16 Mètre cube. — o toise cube 135064.

Milligramme (1000.e 7.) — o grain 019.

Millimètre (1000.e 14.) — o ligne 443.

Millimètre carré (1,000,000.^e 15.) — o ligne carrée 196511.

Millimètre cube (1,000,000,000.^e 16.) — o ligne cube 08711.

Muid de vin de Paris (288 f. 20.) — 2 hectolitres 6822.

Myriagramme (10,000 f. 7.) — 20 livres 6 onces 6 gros 63 grains 5.

Myrialitre (10,000 f. 11.) — { 291 pieds cubes 739.
{ 37 muids de vin de Paris 28.
{ 64 setiers de blé de Paris 06.

Myriamètre (10,000 f. 14.) — { 5130 toises 4 pieds 5 pouces 3 lig. 365.
2 lieues terrestres 25.
1 lieue marine 80.

Myriares (10,000 f. 1.) — { 263,244 toises carrées 93.
0 lieue carrée 050625.

Once (16.e 12.) — 0 kilogramme 03059.

Perche. { de 18 pieds (100.e 2.) — 34 centiares 19.
de 20 pieds (100.e 3.) — 42 centiares 21.
de 22 pieds (100.e 4.) — 51 centiares 07.

17 Pied. — 0 mètre 32484.
18 Pied carré. — 0 mètre carré 105521.
19 Pied cube. — 0 mètre cube 042773.
Pied cube (3.e 21.) — 0 stère 034277.
20 Pinte de Paris. — 0 litre 9313.
Pouce (12.e 17.) — 0 mètre 027070.
Pouce carré (144.e 18.) — 0 mètre carré 00073278.
Pouce cube (1728.e 19.) — 0 mètre cube 000019836.
Quintal (100 f. 12.) — 48 kilogrammes 951.
Scrupule. *Voyez* denier.
Setier de blé de Paris (12 f. 5.) — 1 hectolitre 5610.
21 Solive (3 pieds cubes.) — 0 stère 102832.
Sou (20.e 13.) — 0 franc 049.

22 Stère (1 mètre cube.) — { 29 pieds cubes 1739.
0 corde 2605.
9 solives 7246.

Toise (6 f. 17.) — 1 mètre 94904.
Toise carrée (36 f. 18.) — 3 mètres carrés 798744.
Toise cube (216 f. 19.) — 7 mètres cubes 40389.

MESURES LOCALES.

LIVRES.	FRANCS.	LIVRES.	FRANCS.	LIVRES.	FRANCS.
1	» 988	51	50 370	200	197 531
2	1 975	52	51 358	300	296 296
3	2 963	53	52 346	400	395 062
4	3 951	54	53 333	500	493 827
5	4 938	55	54 321	600	[illegible] 593
6	5 916	56	55 309	700	69[illegible] 358
7	6 914	57	56 296	800	790 123
8	7 901	58	57 284	900	888 889
9	8 889	59	58 272	1000	987 654
10	9 877	60	59 259	2000	1975 309
11	10 864	61	60 247	3000	2962 963
12	11 852	62	61 235	4000	3950 617
13	12 840	63	62 222	5000	4938 272
14	13 827	64	63 210	6000	5925 926
15	14 815	65	64 198	7000	6913 580
16	15 802	66	65 185	8000	7901 235
17	16 790	67	66 173	9000	8888 889
18	17 778	68	67 160	10000	9876 543
19	18 765	69	68 148		
20	19 753	70	69 136		
21	20 741	71	70 123	SOUS.	FRANCS.
22	21 728	72	71 111	1	» 049
23	22 716	73	72 099	2	» 099
24	23 704	74	73 086	3	» 148
25	24 691	75	74 074	4	» 198
26	25 679	76	75 062	5	» 247
27	26 667	77	76 049	6	» 296
28	27 654	78	77 037	7	» 346
29	28 642	79	78 025	8	» 395
30	29 630	80	79 012	9	» 444
31	30 617	81	80 000	10	» 494
32	31 605	82	80 988	11	» 543
33	32 593	83	81 975	12	» 593
34	33 580	84	82 963	13	» 642
35	34 568	85	83 951	14	» 691
36	35 556	86	84 938	15	» 741
37	36 543	87	85 926	16	» 790
38	37 531	88	86 914	17	» 839
39	38 519	89	87 901	18	» 889
40	39 506	90	88 889	19	» 938
41	40 494	91	89 887	DENIERS.	FRANCS.
42	41 481	92	90 874	1	» 004
43	42 469	93	91 862	2	» 008
44	43 458	94	92 850	3	» 012
45	44 445	95	93 827	4	» 016
46	45 433	96	94 815	5	» 021
47	46 421	97	95 802	6	» 025
48	47 408	98	96 790	7	» 029
49	48 396	99	97 778	8	» 033
50	49 383	100	98 765	9	» 037
				10	» 041
				11	» 045

FRANCS	LIVRES		
1	1	»	3
2	2	»	6
3	3	»	9
4	4	1	»
5	5	1	3
6	6	1	6
7	7	1	9
8	8	2	»
9	9	2	3
10	10	2	6
11	11	2	9
12	12	3	»
13	13	3	3
14	14	3	6
15	15	3	9
16	16	4	»
17	17	4	3
18	18	4	6
19	19	4	9
20	20	5	»
21	21	5	3
22	22	5	6
23	23	5	9
24	24	6	»
25	25	6	3
26	26	6	6
27	27	6	9
28	28	7	»
29	29	7	3
30	30	7	6
31	31	7	9
32	32	8	»
33	33	8	3
34	34	8	6
35	35	8	9
36	36	9	»
37	37	9	3
38	38	9	6
39	39	9	9
40	40	10	»
41	41	10	3
42	42	10	6
43	43	10	9
44	44	11	»
45	45	11	3
46	46	11	6
47	47	11	9
48	48	12	»
49	49	12	3
50	50	12	6

FRANCS	LIVRES		
51	51	12	9
52	52	13	»
53	53	13	3
54	54	13	6
55	55	13	9
56	56	14	»
57	57	14	3
58	58	14	6
59	59	14	9
60	60	15	»
61	61	15	3
62	62	15	6
63	63	15	9
64	64	16	»
65	65	16	3
66	66	16	6
67	67	16	9
68	68	17	»
69	69	17	3
70	70	17	6
71	71	17	9
72	72	18	»
73	73	18	3
74	74	18	6
75	75	18	9
76	76	19	»
77	77	19	3
78	78	19	6
79	79	19	9
80	81	»	»
81	82	»	3
82	83	»	6
83	84	»	9
84	85	1	»
85	86	1	3
86	87	1	6
87	88	1	9
88	89	2	»
89	90	2	3
90	91	2	6
91	92	2	9
92	93	3	»
93	94	3	3
94	95	3	6
95	96	3	9
96	97	4	»
97	98	4	3
98	99	4	6
99	100	4	9
100	101	5	»

FRANCS	LIVRES		
200	202	10	»
300	303	15	»
400	405	»	»
500	506	5	»
600	607	10	»
700	708	15	»
800	810	»	»
900	911	5	»
1000	1012	10	»
1100	1113	15	»
1200	1215	»	»
1300	1316	5	»
1400	1417	10	»
1500	1518	15	»
1600	1620	»	»
1700	1721	5	»
1800	1822	10	»
1900	1923	15	»
2000	2025	»	»
2100	2126	5	»
2200	2227	10	»
2300	2328	15	»
2400	2430	»	»
2500	2531	5	»
2600	2632	10	»
2700	2733	15	»
2800	2835	»	»
2900	2936	5	»
3000	3037	10	»
3100	3138	15	»
3200	3240	»	»
3300	3341	5	»
3400	3442	10	»
3500	3543	15	»
3600	3645	»	»
3700	3746	5	»
3800	3847	10	»
3900	3948	15	»
4000	4050	»	»
4100	4151	5	»
4200	4252	10	»
4300	4353	15	»
4400	4455	»	»
4500	4556	5	»
5000	5062	10	»
6000	6075	»	»
7000	7087	10	»
8000	8100	»	»
9000	9112	10	»
10000	10125	»	»

NOMBRE.	3 LIVRES.		6 LIVRES.		24 LIVRES.		48 LIVRES.	
1	2	75	5	80	23	55	47	20
2	5	50	11	60	47	10	94	40
3	8	25	17	40	70	65	141	60
4	11	»	23	20	94	20	188	80
5	13	75	29	»	117	75	236	»
6	16	50	34	80	141	30	283	20
7	19	25	40	60	164	85	330	40
8	22	»	46	40	188	40	377	60
9	24	75	52	20	211	95	424	80
10	27	50	58	»	235	50	472	»
11	30	25	63	80	259	5	519	20
12	33	»	69	60	282	60	566	40
13	35	75	75	40	306	15	613	60
14	38	50	81	20	329	70	660	80
15	41	25	87	»	353	25	708	»
16	44	»	92	80	376	80	755	20
17	46	75	98	60	400	35	802	40
18	49	50	104	40	423	90	849	60
19	52	25	110	20	447	45	896	80
20	55	»	116	»	471	»	944	»
21	57	75	121	80	494	55	991	20
22	60	50	127	60	518	10	1038	40
23	63	25	133	40	541	65	1085	60
24	66	»	139	20	565	20	1132	80
25	68	75	145	»	588	75	1180	»
26	71	50	150	80	612	30	1227	20
27	74	25	156	60	635	85	1274	40
28	77	»	162	40	659	40	1321	60
29	79	75	168	20	682	95	1368	80
30	82	50	174	»	706	50	1416	»
31	85	25	179	80	730	5	1463	20
32	88	»	185	60	753	60	1510	40
33	90	75	191	40	777	15	1557	60
34	93	50	197	20	800	70	1604	80
35	96	25	203	»	824	25	1652	»
36	99	»	208	80	847	80	1699	20
37	101	75	214	60	871	35	1746	40
38	104	50	220	40	894	90	1793	60
39	107	25	226	20	918	45	1840	80
40	110	»	232	»	942	»	1888	»
41	112	75	237	80	965	55	1935	20
42	115	50	243	60	989	10	1982	40
43	118	25	249	40	1012	65	2029	60
44	121	»	255	20	1036	20	2076	80
45	123	75	261	»	1059	75	2124	»
46	126	50	266	80	1083	30	2171	20
47	129	25	272	60	1106	85	2218	40
48	132	»	278	40	1130	40	2265	60
49	134	75	284	20	1153	95	2312	80
50	137	50	290	»	1177	50	2360	»

NOMBRE.	3 LIVRES.		6 LIVRES.		24 LIVRES.		48 LIVRES.	
51	140	25	295	80	1201	5	2407	20
52	143	»	301	60	1224	60	2454	40
53	145	75	307	40	1248	15	2501	60
54	148	50	313	20	1271	70	2548	80
55	151	25	319	»	1295	25	2596	»
56	154	»	324	80	1318	80	2643	20
57	156	75	330	60	1342	35	2690	40
58	159	50	336	40	1365	90	2737	60
59	162	25	342	20	1389	45	2784	80
60	165	»	348	»	1413	»	2832	»
61	167	75	353	80	1436	55	2879	20
62	170	50	359	60	1460	10	2926	40
63	173	25	365	40	1483	65	2973	60
64	176	»	371	20	1507	20	3020	80
65	178	75	377	»	1530	75	3068	»
66	181	50	382	80	1554	30	3115	20
67	184	25	388	60	1577	85	3162	40
68	187	»	394	40	1601	40	3209	60
69	189	75	400	20	1624	95	3256	80
70	192	50	406	»	1648	50	3304	»
71	195	25	411	80	1672	5	3351	20
72	198	»	417	60	1695	60	3398	40
73	200	75	423	40	1719	15	3445	60
74	203	50	429	20	1742	70	3492	80
75	206	25	435	»	1766	25	3540	»
76	209	»	440	80	1789	80	3587	20
77	211	75	446	60	1813	35	3634	40
78	214	50	452	40	1836	90	3681	60
79	217	25	458	20	1860	45	3728	80
80	220	»	464	»	1884	»	3776	»
81	222	75	469	80	1907	55	3823	20
82	225	50	475	60	1931	10	3870	40
83	228	25	481	40	1954	65	3917	60
84	231	»	487	20	1978	20	3964	80
85	233	75	493	»	2001	75	4012	»
86	236	50	498	80	2025	30	4059	20
87	239	25	504	60	2048	85	4106	40
88	242	»	510	40	2072	40	4153	60
89	244	75	516	20	2095	95	4200	80
90	247	50	522	»	2119	50	4248	»
91	250	25	527	80	2143	5	4295	20
92	253	»	533	60	2166	60	4342	40
93	255	75	539	40	2190	15	4389	60
94	258	50	545	20	2213	70	4436	80
95	261	25	551	»	2237	25	4484	»
96	264	»	556	80	2260	80	4531	20
97	266	75	562	60	2284	35	4578	40
98	269	50	568	40	2307	90	4625	60
99	272	25	574	20	2331	45	4672	80
100	275	»	580	»	2355	»	4720	»

POIDS DES MONNAIES.

Louis V. de 48 l.	4 gros	18 grains.	(16 grammes	2 décag.	5 centig.	)
Louis N. de 48 l.	4	»	(15	3	»	)
Louis V. de 24 l.	2	9	(8	1	2	)
Louis N. de 24 l.	2	»	(7	6	5	)
Pièces de 40 f.	3	28	(12	9	6	)
Pièces de 20 f.	1	50	(6	4	8	)
Pièces de 6 l.	7	48	(29	3	»	)
Pièces de 5 f.	6	39	(25	»	»	)
Pièces de 2 f.	2	45	(10	»	»	)
Pièces de 1 f.	1	23	(5	»	»	)

Le gros d'or vaut 12 francs, le grain 17 centimes, le gramme 3 f., le décigramme 30 centimes et le centigramme 3 centimes.

MARQUES CARACTÉRISTIQUES
DES PIÈCES FAUSSES.

LOUIS.

1784. A. Ils sont mieux faits que les bons; les deux fleurs de lis supérieures touchent à l'écusson; quelques-uns pèsent 2 à 3 grains de moins. — AUTRES. Rouges; les deux fleurs de lis supérieures touchent à l'écusson; celle de gauche est plus haute.

1784. I. Rogués; les deux fleurs de lis supérieures touchent à l'écusson.

1785. A. Rouges et plus grands que les bons; les deux fleurs de lis supérieures touchent à l'écusson; couronne plus à droite et plus éloignée du dernier chiffre de l'année; pèsent dix-huit à vingt grains de moins. — AUTRES. Bien faits et ayant leur poids; leur blancheur les distingue. — AUTRES. Buste plus grossier; l'R de FR est plus bas que l'F et touché au front du buste.

1786. A. Plus grands et pas ronds; face rouge; couronne plus à droite; l'M de IMPER touche à l'écusson; une fleur de lis supérieure plus haute que l'autre. — AUTRES. Bombés et blancs; lettres plus petites et mal faites; le D de LUD et l'X de REX formés qu'à demi.

1786. A B. très-rouges et bien frappés.

1786. B. idem; couronne mal placée; l'N de REGN et les deux fleurs de lis supérieures touchent à l'écusson.

1786 D. Côté de la face bombé; mal frappés; les lettres de NAV. REX se touchent et ne sont pas à la distance ordinaire de la face. — AUTRES. Fleurs de lis mal faites; une du haut, à droite, est de travers.

1786. H. Mal faits, ovales ... ales; pèsent trois à quatre grains de moins.

1786. H. S. Bien frappés ; cordon mal fait ; fleurs de lis trop hautes ; le nez de la face est trop pointu.

1786. J. Plus grands et pas ronds ; couronne plus à droite ; le mot VINC est picoté ; l'N de REGN et les deux fleurs de lis supérieures touchent à l'écusson. — *AUTRES.* Coulés ; pâles ; côté de l'écusson picoté et graveleux.

1786. N. Mal faits ; lettres grossières et matérielles.

1787. A. Bombés et blancs ; la lettre A au lieu d'être entre l'I et l'N de VINC, se trouve sur l'N. — *AUTRES.* Rouges et fleurs de lis plus grosses. — *AUTRES.* Plus épais et plus grands ; cordon et lettres mal faites ; fond blanc. — *AUTRES.* Artistement faits et bien frappés ; très-rouges ; ils ont leur poids.

1787. B. Plus épais ; couronne plus à droite ; l'I et l'M d'IMPER et l'N de REGN touchent à l'écusson.

1787. D. Mal faits ; pâles et verdâtres ; perdent plus de moitié.

1787. H. Tête fort mal faite ; fleurs de lis maigres.

1787. H S. Mal faits et pas ronds ; pèsent sept à huit grains de moins.

1787. R. Rouges ; plus grands et pas ronds ; couronne plus à droite ; les deux fleurs de lis supérieures touchent à l'écusson.

1787. V W. Plus larges et épais ; couronne un peu de travers et de côté ; cordon mal fait ; pèsent deux grains de moins.

1788. V W. Il en est qui ne valent que douze à treize francs.

1788. A. Blancs ; fleur de lis du bas un peu de travers ; cordon mal fait ; pèsent dix à douze grains de moins.

1788. A. A. Blancs et ovales ; cordonnés ; lettres mal faites ; la fleur de lis de gauche touche à l'écusson ; ils ont ordinairement leur poids.

1788. B. Très-rouges et bien frappés ; couronne de côté.

1788. I. Rognés ; les deux fleurs de lis supérieures touchent à l'écusson.

1788. N. Bien faits ; fleurs de lis trop hautes et mal placés ; côté de la tête rouge.

1788. W. Comme ceux de 1784 A.

1789. A. Mal faits et très-rouges ; couronne de côté. — *AUTRES.* Bien frappés et un peu plus grands que les bons ; l'A plus à gauche du milieu des écussons ; le D de LUD est vis-à-vis le nez de la face au lieu de se trouver pour ainsi dire au-dessous.

1789. $\frac{A}{W}$. Plus épais et blanchâtres ; buste grossier ; dits à grande culotte ; valent de douze francs à douze francs cinquante centimes.

1790 et 1791. (de toutes lettres) Rouges et bien faits ; les deux fleurs de lis supérieures touchent à l'écusson ; couronne plus à droite ; pèsent quatre grains de moins. — *AUTRES.* Comme ceux de 1789 A et W.

1791. N. Mal frappés et sans cordon ; lettres mal faites ; fleur de lis, en bas, écrasée.

DOUBLES LOUIS.

Le peu de faux sont pâles ; le dernier V de DUVIV est moins haut que les autres lettres.

ANCIENNES PIÈCES DE SIX LIVRES.

Celles qui sont fausses, si elles ont leur poids, sont beaucoup plus grandes ou plus épaisses que les bonnes ; leur couleur est d'un blanc noirâtre ou jaune.

TARIF DES DROITS D'ENREGISTREMENT,

PAR ORDRE ALPHABÉTIQUE.

ABRÉVIATIONS.

V7. — Loi du 26 Vendémiaire an 7.
F. — Loi du 22 Frimaire an 7.
V9. — Loi du 27 Ventôse an 9.
A. — Loi du 28 Avril 1816.
Ms. — Loi du 25 Mars 1817.
Mai. — Loi du 15 Mai 1818.

J. — Loi du 16 Juin 1824.
a... §... n... — Article.. §.. numéro.
f. (après le droit) — fixe.
p. (après le droit) — pour cent.
I. g. n° — Instruction générale n.°
J.ᵃˡ a. — Journal de l'Enreg.ᵗ art.

ABANDONNEMENT de biens à ses créanciers, *pour être vendus en direction.* F. a. 68, §. 4, n. 1,   5. f. f.
    sans cette condition.   droit de vente ou de cession.
— pour fait d'assurance ou grosse aventure. *Sur la valeur des objets assurés ou abandonnés.* A. a. 51, n. 1,   1 f. p.
    en temps de guerre.   moitié droit.
ABSTENTION. *Voyez* Renonciation.
ACCEPTATION pure et simple de successions, legs ou communauté. *Par acceptant et succession.* F. a. 68, §. 1, n. 2,   1 f. f.
— de succession, sous bénéfice d'inventaire. *Idem.* I. g. n.° 1086,   3 f. f.
— de transport ou délégation de créance à terme; le droit proportionnel ayant déjà été perçu. F. a. 68, §. 1, n.° 3,   1 f. f.
— de créance, expresse ou tacite, par suite d'indication de payement. I. g. n.° 1146, §. 6,   1 f. p.
— de donation, si le droit proportionnel a été précédemment perçu. *Par acceptant.* F. a. 68, §. 1, n. 2,   1 f. f.
ACCEPTILATION. *Voyez* Quittance.
ACQUIESCEMENS par acte civil. A. a. 43, n. 1,   2 f. f.
ACQUISITION faite par l'Etat, et actes faits à ce sujet. F. a. 70, §. 2, n. 1,   gratis.
ACQUITS de rescriptions, mandats et ordonnances de payement sur les caisses publiques. F. a. 70, §. 3, n. 4,   exempts.
— d'effets négociables. Id. n. 15,   exempts.
ACTES JUDICIAIRES *SUJETS AU DROIT FIXE.*
    Pour les prestations de serment, voyez ce mot.

Justices de Paix.

N.° 1. Les actes (les cédules exceptées) et jugemens préparatoires, interlocutoires ou d'instruction; certificats d'individualité; visa de pièces et poursuites préalables à l'exercice de la contrainte par corps; oppositions à levée de scellés, par comparence personnelle dans le procès-verbal; ordonnances et mandemens d'assigner les opposans à scellés; tous autres actes non-classés ci-après, et jugemens définitifs portant condamnation de sommes dont le droit proportionnel ne s'élèverait pas à 1 f. F. a. 68, §. 1, n.° 46,   1 f. f.

N.º 2. Les jugemens, portant renvoi ou décharge de demande, débouté d'opposition, validité de congé, expulsion, condamnation à réparation d'injures personnelles, et ceux contenant des dispositions définitives non sujettes au droit proportionnel. F. a. 68, §. 2, n. 5, 2 f. f.

N.º 3. Les jugemens définitifs, rendus en dernier ressort, d'après la volonté des parties, au-delà de compétence, s'ils ne sont pas sujets à un droit proportionnel supérieur. A. a. 44, n. 9. 3 f. f.

N.º 4. Prorogation de compétence *par acte particulier*, les parties et la cause étant justiciables du juge de paix, 1 f. f. N'étant pas de son ressort, 3 f. f. I. g. n.º 1132.

Voyez appositions et levée de scellés ; procès-verbaux de carence ; avis de parens ; émancipation ; nomination de tuteur et curateur, et tutelle officieuse.

Bureaux de Paix.

N.º 5. Les procès-verbaux non sujets à un droit proportionnel supérieur. F. a. 68, §. 1, n. 47, 1 f. f.

Conseils de Prud'hommes.

N.º 6. Leurs actes et jugemens. Inst. gén. n.º 437.
Si l'objet de la contestation n'excède pas 25 f. gratis.
S'il excède, droits des actes de justices de paix.
Si la somme n'est pas exprimée. 1 f. f.

Tribunaux de Police ordinaire, de Police correctionnelle et Cours criminelles.

N.º 7. Les actes et jugemens, soit entre parties, soit sur la poursuite du ministère public, avec partie civile, sans condamnation à des sommes et valeurs, ou non sujets à un droit proportionnel supérieur, et les dépôts et décharges aux greffes, dans les mêmes cas. F. a. 68, §. 1, n. 48, 1 f. f.
S'il n'y a pas de partie civile, *V.* ci-après n.ºs 30, 31, 32, 33 et 34.

Tribunaux de première instance, de Commerce et d'Arbitrage.

N.º 8. Les ordonnances des juges des tribunaux civils, rendues sur requêtes ou mémoires; celles de référé, compulsoire et injonction; celles portant permission de saisir-gager, revendiquer ou vendre, et celles des procureurs du Roi; les actes et jugemens préparatoires ou d'instruction de ces tribunaux et des arbitres, et les actes faits et passés aux greffes, portant acquiescement, dépôt, décharge, désaveu, exclusion de tribunaux, affirmation de voyage, opposition à remise de pièces, enchères, surenchères, renonciation à communauté, succession ou legs (*un droit par renonçant*), reprise d'instance, communication de pièces sans déplacement, affirmation et vérification de créance, opposition à délivrance de jugement; les ordonnances sur requêtes et mémoires, celles de réassigné, et tous actes et jugemens préparatoires des tribunaux de commerce et les actes passés à leurs greffes, portant dépôt de bilan et registres, opposition à publication de séparation, dépôt de sommes et pièces, et tous autres actes conservatoires ou de formalité; tous jugemens en dernier ressort sur demandes de moins de 1000 f. également les déclarations de command faites par les avoués dans les 24 heures. F. a. 68, §. 2, n. 6 et 7, et A. a. 44, n. 3 et 10, 3 f. f.

N.º 9. Les jugemens des tribunaux de première instance, prononçant sur l'appel des juges-de-paix; ceux portant acquiescement, acte d'affirmation, de conversion d'opposition en saisie, débouté d'opposition, décharge et renvoi de demande, péremption d'instance, déclinatoire, entérinement de procés verbaux et rapports; homologation d'actes d'union et d'atermoiement; injonction de procéder à inventaire, licitation, partage ou vente, main-levée d'opposition ou de saisie, nullité de procédure, maintenue en possession, résolution de contrat ou de clause de contrat pour cause de nullité radicale, ou pour défaut de payement quelconque sur le prix de l'acquisition, lorsque l'acquéreur *n'est pas entré en jouissance* (s'il y a eu entrée en jouissance, ou payement de partie du prix, il est dû 4 f. p. J.⁰¹ a. 7478 et 7579); reconnaissance d'écriture, nomination de commissaires, directeurs et séquestres; bénéfice d'inventaire, rescision, soumission et exécution de jugement, et tous jugemens de ces tribunaux et de ceux de commerce et d'arbitrage, contenant des dispositions définitives non sujettes à un droit supérieur. F. a. 68, §. 3, n. 7; V9. a. 12, et A. a. 45, n. 5.   5 f. f.

N.º 10. Les actes et jugemens interlocutoires ou préparatoires des divorces. A. a. 45, n. 8.   5 f. f.

N.º 11. Les jugemens rendus en dernier ressort par les tribunaux de première instance ou les arbitres, d'après la volonté des parties, au-delà de compétence, si le droit proportionnel est inférieur. A. a. 46, n. 1,   10 f. f.

N.º 12. Les jugemens des tribunaux de première instance portant interdiction, et séparation de biens, sans condamnation à des sommes et valeurs, ou que le droit proportionnel soit supérieur. F. a. 68, §. 6, n.º 2,   15 f. f.

N.º 13. Ceux admettant adoption ou prononçant divorce. A. a. 48, n. 2,   50 f. f.

Cours Royales.

N.º 14. Les arrêts interlocutoires ou préparatoires, non susceptibles d'un droit plus élevé, et les ordonnances et actes désignés au n.º 8 ci-avant. A. a. 45, n. 6,   5 f. f.

N.º 15. Les arrêts définitifs dont le droit ne s'élève pas à 10 f. A. a. 46, n. 3,   10 f. f.

N.º 16. Les arrêts portant interdiction ou séparation de corps. A. a. 47, n. 2,   25 f. f.

N.º 17. Ceux confirmant adoption. A. a. 49, n. 1,   100 f. f.

N.º 18. Ceux prononçant définitivement sur une demande en divorce; s'il n'y a pas eu d'appel, ce droit est perçu sur l'acte de l'officier de l'état civil. Idem, n. 2,   100 f. f.

Cour de Cassation et Conseils de Sa Majesté.

N.º 19. Les arrêts interlocutoires ou préparatoires. A. a. 46, n. 3, 10 f. f.

N.º 20. Ceux définitifs. A. a. 47, n. 3,   25 f. f.

— *SUJETS AU DROIT PROPORTIONNEL.*

N.º 22. Les jugemens et arrêts portant condamnation, collocation ou liquidation de sommes et valeurs mobilières, intérêts et dépens entre particuliers. F. a. 69, §. 2, n. 9,   50 c. p.

N.º 23. Ceux portant dommages-intérêts. F. a. 69, §. 5, n. 8,   2 f. p.

N.º 24. Ceux portant transmission de biens. *Voyez* vente.

N.º 25. L'aveu judiciaire, faisant titre, donne ouverture au droit.

N.º 26. Le droit proportionnel ne peut être au-dessous du droit fixe. F. a. 69, §. 2, n. 9.

N.º 27. Lorsque le droit proportionnel aura été perçu sur un jugement par défaut ou d'appel et des exécutoires, s'il n'y a pas de supplément de condamnation, le jugement rendu après n'est sujet qu'au droit fixe tel qu'il vient d'être réglé. Idem.

N.º 28. Outre le droit dû pour les actes et jugemens, on percevra en même temps le droit du titre non enregistré qui aura fondé la demande. Idem.

N.º 29. Lorsqu'après une sommation extrajudiciaire, ou une demande dont le titre n'a pas été indiqué, ou l'a été comme verbal, on produit aux cours d'instance des écrits, billets, marchés (factures exceptées), lettres ou autre titre émané du défendeur, non enregistrés avant cette demande ou sommation, le double droit du titre sera perçu lors de l'enregistrement du jugement intervenu. A. a. 57.

Voyez actes contenant plusieurs dispositions.

— *A ENREGISTRER EN DÉBET, sauf le recouvrement sur les condamnés.*

N.º 30. Les actes et procès-verbaux des juges de paix, pour fait de police; ceux faits à la requête des procureurs du Roi; ceux des commissaires de police; ceux des gardes établis par l'autorité publique pour délits ruraux et forestiers; et les actes et jugemens qui interviennent sur iceux. F. a. 70, §. 1,   en débet.

N.º 31. Les actes et procès-verbaux des huissiers, gendarmes, préposés, gardes-champêtres ou forestiers (non de particuliers), et ceux concernant la police ordinaire et la répression des délits et contraventions aux réglemens généraux de police et d'imposition, s'il n'y a pas de partie civile poursuivante. Ms. a. 74,   en débet.

N.º 32. Les actes de police correctionnelle et de simple police, faits dans les affaires poursuivies dans l'intérêt de l'état, d'une commune, ou d'un établissement public (excepté ceux concernant les contributions indirectes). Inst. gén. n.º 726,   en débet.

   Voyez I. g. n.º 1102, à l'égard des procès-verbaux des sous-officiers de gendarmerie et gendarmes.

— *A ENREGISTRER GRATIS.*

N.º 33. Les actes et jugemens à la requête du ministère public, ayant pour objet : 1.º de réparer les omissions et faire les rectifications sur les registres de l'état-civil, d'actes qui intéressent les indigens; 2.º de remplacer ces registres perdus ou incendiés par les événemens de la guerre, et de suppléer à ceux non tenus. Ms. a. 75,   gratis.

   Voyez exploits.

— *EXEMPTS DE LA FORMALITÉ.*

N.º 34. Les actes et procès-verbaux (excepté ceux des huissiers et gendarmes à enregistrer gratis), et les jugemens concernant la police générale et de sureté, et la vindicte publique. F. a. 70, §. 3, n. 2,   exempts.

N.º 35. Les actes de notoriété et procès-verbaux des juges de paix en fait de disparition de militaires. I. g. n.º 1124,   exempts.

— *EN MATIÈRE DE CONTRIBUTION ET POUR SOMMES DUES A L'ÉTAT ET AUX ÉTABLISSEMENS PUBLICS.*

N.º 36. Sont soumis aux droits ci-dessus. A. a. 39.

.ACTES administratifs qui n'ont rapport qu'à l'administration publique. F. a. 70, §. 3, n. 2,   exempts.

   Sont sujets à l'enregistrement sur minute, ceux portant transmission de propriété, d'usufruit ou de jouissance, les adjudications ou marchés de toute nature, aux enchères, au rabais, ou sur soumissions et les cautionnemens y relatifs. Mai. a. 78.

   Voyez les dénominations.

— Les actes, arrêtés et décisions autres que ceux qui viennent d'être dénommés et les prestations de serment, ayant un objet politique, postérieures au 1.er janvier 1822. Mai. a. 80, et I. g. n.ºs 1025 et 1034,   exempts.

S'ils sont dénommés; mais d'une date antérieure à la publication de la loi Mai. a. 81,　　　　　　　exempts des droits et amendes.

ACTES du Gouvernement. F. a. 70, §. 3, n. 1,　　　　　exempts.

— de l'état civil. Ceux de naissance, mariage et décès. F. a. 70, §. 3; n. 8,　　　　　exempts.

　　　Voyez divorce.

— Militaires non-tarifés. F. a. 70, §. 3, n. 13,　　　　exempts.

— Sous signature privée, portant transmission de biens, passés *avant* la publication de la loi du 28 avril 1816. Sont soumis aux droits fixés par les lois antérieures. Inst. gén. n.° 845.

— refaits pour cause de nullité ou autre motif, sans changement qui ajoute aux conventions. A. a. 43, n. 3,　　　　　2 f. f.

— qui ne contiennent que l'exécution, le complément et la consommation d'actes enregistrés. F. a. 68, §. 1, n. 6,　　　　1 f. f.

— de notoriété. A. a. 43, n. 2,　　　　2 f. f.

— respectueux. F. a. 68, §. 1, n. 51,　　　　1 f. f.

— contenant plusieurs dispositions. La quittance du prix, et l'obligation pour le prix d'un bien tranmis actuellement. F. a. 10,　　　　exempts.

　　Mais lorsque, dans un acte quelconque, soit civil, judiciaire ou extra judiciaire, il y a plusieurs dispositions indépendantes ou ne dérivant pas nécessairement les unes des autres, il est dû, pour chacune d'elles, et selon son espèce, un droit particulier. La quotité en est déterminée par l'article de la loi dans lequel la disposition se trouve classée, ou auquel elle se rapporte. F. a. 11.

— passés en forme authentique avant l'établissement de l'enregistrement, dans l'ancien territoire de France. F. a. 70, §. 3, n. 16,　　exempts.

— passés en pays étrangers ou dans les colonies. On ne peut en faire usage en France, ni les mentionner dans les actes publics, qu'ils n'y aient payé les mêmes droits que s'ils y avaient été souscrits. A. a. 58.

　　S'ils portent transmission de propriété, d'usufruit ou de jouissance d'immeubles situés en France, l'enregistrement est toujours de rigueur. F. a. 22, 38 et 69.

— passés en France contenant mutation de biens situés en pays étrangers ou dans les colonies, où le droit d'enregistrement n'est pas établi. J. a. 4,　　　　　même droit que
　　pour les biens situés en France, sans qu'il puisse excéder 10 f. f.

— innommés qui ne peuvent donner lieu au droit proportionnel. F. a. 68, §. 1, n. 51,　　　　　1 f. f.

ADJUDICATION à la folle enchère. Si le prix n'est pas supérieur à celui de la précédente adjudication. A. a. 44, n. 1,　　　　3 f. f.
　　S'il est supérieur, *sur l'excédant.*　　　　droit de vente.

ADJUDICATION de meubles ou d'immeubles. *Voyez* vente.

ADJUDICATIONS au rabais dont le prix doit être payé directement ou indirectement par le trésor, et cautionnemens y relatifs. Mai. a. 73,　　　　　1 f. f.

— dont le prix doit être payé par les communes ou établissemens publics. A. a. 51, n. 3,　　　　1 f. p.

— pour construction, réparations et entretien, et tous autres objets mobiliers susceptibles d'estimation entre particuliers, sans vente ni livraison. F. a. 69, §. 3, n. 1,　　　　1 f. p.

ADOPTION (acte d'). F. a. 68, §. 1, n. 9,　　　　1 f. f.
　　Voyez actes jud. n.ᵒˢ 13 et 17.

AFFECTATION d'hypothèque. F. a. 68, §. 1, n. 51,　　　1 f. f.

— Pour sureté de payement d'effets négociables. Décision du 7 floréal an 10.　　　　　1 f. p.

AFFIRMATIONS des procès-verbaux des salariés de l'état, F. a. 70, §. 3, n.º 12, *exemptes.*

AMENDES. *Voyez* à la fin de ce tarif.

ANTICHRÈSE. *Voyez* engagement d'immeubles.

APPOSITION et levée de scellés. *Par vacation de 3 à 4 heures.* F. a. 68, §. 2, n. 3, 2 f. f.

ARBITRES, *Voyez* nomination et actes jud. n.os 8, 9 et 11.

ARRENTEMENT. *Voyez* bail à rente.

ARRÊTÉ de compte. *Voyez* compte.

ASSEMBLÉE de parens. *Voyez* avis de parens.

ASSURANCE maritime (acte ou contrat d') devant être produit en justice. *Sur la valeur de la prime.* J. a. 5, 1 f. p.
    En tems de guerre. A. a. 51, n. 2, 50 c. p.
    Si on ne doit pas en faire usage en justice. J. a. 5, 1 f. f.
— contre l'incendie. *Sur la prime.* I. g. n.º 983, 1 f. p.
    Stipulée sans prime. J.^{al} a. 7165, 5 f. f.

ATERMOIEMENT. *Sur ce que le débiteur s'oblige de payer.* F. a. 69, §. 2, n. 4, 50 c. p.

ATTESTATIONS pures et simples. F. a. 68, §. 1, n. 10, 1 f. f.

AUTORISATION pure et simple. A. a. 43, n. 5, 2 f. f.

AVANCEMENT d'hoirie. *Voyez* donations.

AVIS de parens. A. a. 43, n.º 4, 2 f. f.

BAUX à ferme ou à loyer, de biens meubles et immeubles ; baux de pâturage et nourriture d'animaux, à cheptel et reconnoissance de bestiaux, et à nourriture de personnes, si la durée est limitée. *Sur le prix cumulé des années, en y ajoutant les charges.* J. a. 1, 20 c. p.
    Cautionnemens de ces baux. J. a. , *demi droit de bail.*
— de biens immeubles à rente perpétuelle, ou dont la durée est illimitée, (*sur le capital fixé, ou sur* 20 *fois le prix et les charges annuelles*) *et à vie. (sur* 10 *fois id.*) F. a. 69, §. 7, n. 2, et A. a. 54. 5 f. 50 c. p.
— à nourriture de personnes. Durée illimitée. (*Sur la somme fixée ou sur* 10 *fois le prix et les charges annuelles*) F. a. 69, §. 5, n. 2, 2 f. p.
— (sous), subrogation, cession et rétrocession de baux à ferme ou à loyer. *Sur les années à courir.* V9. a. 8, *droit de bail.*
    De baux emphytéotiques, outre ce droit, A. a. 54. 1 f. 50 c. p.
— payables en nature. *Voyez* mercuriales.

BILAN. F. a. 68, §. 1, n. 13, 1 f. f.

BILLET simple. F. a. 69, §. 3, n. 3, 1 f. p.
— à ordre. F. a. 69, §. 2, n. 6, 50 c. p.
— d'étape, de subsistance et de logement. F. a. 70, §. 3, n. 13, exempts.

BREVET d'apprentissage, sans obligation ni quittance. F. a. 68, §. 1, n. 14, 1 f. f.
    Avec stipulation de sommes, payées ou non. F. a. 69, §. 2, n. 7, 50 c. p.

CAHIER DES CHARGES. F. a. 68, §. 1, n. 51, 1 f. f.

CARTOUCHES. F. a. 70, §. 3, n. 13, *exemptes.*

CAUTIONNEMENS de sommes et objets mobiliers, et les garanties et indemnités mobilières. *Outre le droit de la disposition principale ; mais sans pouvoir l'excéder.* F. a. 69, §. 2, n. 8, 50 c. p.
— des comptables envers l'état. Idem, 25 c. p.
— des conservateurs des hypothèques. V7. a. 5, 1 f. f.
— de représenter soi ou un tiers. A. a. 50, 50 c. p.
— *Voyez* adjudication au rabais, bail et déclaration.

— de dépôts et consignations de sommes et effets mobiliers, chez des officiers publics. A. a. 43, n. 11, 2 f. f.

— *Voyez* actes jud. n.os 7, 8 et 14.

DÉCIME. *Voyez* subvention.

DÉCLARATION pure et simple, en matière civile et de commerce. A. a. 43, n. 9, 2 f. f.

— d'un titulaire de cautionnement en faveur de son bailleur de fonds pour lui faire acquérir le privilège du 2.e ordre. I. g. n.o 1030, 1 f. f.

— de command ou d'ami, faite et notifiée dans les 24 heures, la faculté de la faire ayant été réservée. A. a. 44, n. 3, 3 f. f.

Sans cela. droit de vente.

— de grossesse (lorsqu'il est délivré expédition). J.al a. 5981. 1 f. f.

— de succession. *Voyez* succession.

DÉLÉGATION de créances à termes et rentes. *Voyez* cession.

DÉLIVRANCE de legs, pure et simple. F. a. 68, §. 1, n. 25. 1 f. f.

DÉMISSION de biens. *Voyez* donations entre vifs.

DÉPOT d'actes et pièces chez les officiers publics. A. a. 43, n. 10, 2 f. f.

— de sommes chez les particuliers. F. a. 70, §. 3, n. 3, 1 f p.

DÉPOTS et consignations chez les officiers publics, s'ils n'opèrent pas libération. A. a. 43, n. 11, 2 f. f.

DÉSISTEMENS purs et simples. A. a. 43, n. 12, 2 f. f.

DEVIS sans obligation ni quittance. F. a. 68, §. 1, n. 29, 1 f. f.

DIRECTION de créanciers. *Voyez* union de créanciers.

DISSOLUTION de société, sans obligation, libération, ni transmission de biens. A. a 45, n. 2, 5 f. f.

DIVORCE (acte de). F. a. 68, §. 6, n. 1, 15 f. f.

DOMMAGES-INTÉRÊTS en matière civile, criminelle, correctionnelle et de police. F. a. 69, §. 5 n. 8, et V 9. a. 11, 2 f. p.

DONATIONS entre-vifs, en propriété ou usufruit. *Le droit est perçu : 1.o pour la propriété des meubles, sur l'évaluation donnée, sans distraction de charges ; 2.o pour celle des immeubles sur vingt fois le revenu, aussi sans distraction de charges ; 3.o pour les usufruits, sur moitié seulement. V mercuriales.*

		Hors contrat de mariage.		Par contrat de mariage.	
En ligne directe.	Mobilier. F. a. 69, §. 4, n. 1,	1	25	»	62 ½
	Immeub. Id. §6, et A. a. 54,	4	»	2	75
Entre époux.	Mobilier. A. a. 53,	1	50	»	75
	Immeub. A. a. 53 et 54,	4	50	3	»
Entre collatéraux.	Mobilier. A. a. 53,	2	50	1	25
	Immeub. A. a. 53 et 54,	6	50	4	»
Entre étrangers.	Mobilier. A. a. 53,	3	50	1	75
	Immeub. A. a. 53 et 54,	8	50	5	»

— par actes entre vifs, portant *partage de tous leurs biens* , par des ascendans entre leurs descendans. J. a. 3, *sur le mobilier,* 25 c. p.

Sur les immeubles, 1 f. p.

Le droit de transcription n'est perçu que si elle a lieu.

— et legs en faveur des congrégations hospitalières, hospices, pauvres, fabriques, séminaires et écoles ecclésiastiques. Loi du 7 pluviôse 12, décrets des 18 fév. et 30 décemb. 1809, et 6 nov. 1813, inst. gén. n.o 1136, 1 f. f.

— et legs en faveur des départemens, arrondissemens, communes, hospices, séminaires, fabriques, congrégations religieuses, consistoires et étzblissemens publics légalement autorisés, lorsque les *immeubles* donnés devront recevoir une destination d'utilité publique, et ne pas produire de revenu, *sans innovation aux exceptions précédentes.* J. a. 7, 10 f. f.

Si la valeur des biens n'excède pas 500 fr. en capital. Id.   1 f. f.

— éventuelles. *Voyez* testament.

— non-acceptées. Sol. de l'adm. du 8 therm. 12,   1 f. f.

ECHANGES d'immeubles. *sur 20 fois le revenu de la moindre portion, sans distraction de charges.* J. a. 2, et A. a. 54,   2 f. 50 c. p.

— d'immeubles ruraux, lorsque l'un des immeubles échangés est contigu aux propriétés de celui des échangistes qui le reçoit. J. a. 2,   1 f. f.

— (soulte de ces). J. a. 2, et A. a. 54,   5 f 50 c. p.

A l'égard de celles payées par les établissemens dont les acquisitions sont sujettes au droit fixe, il n'est dû que ce même droit fixe. I. g. n.° 1166. *Voyez* vente.

— de meubles. *Sur la plus forte part.* J.¹ a. 4179,   2 f. p.

— faits par l'état et actes y relatifs. F. a. 70, §. 2, n. 1,   gratis.

EFFETS négociables (lettres de change exceptées.) F. a. 69, §. 2, n. 6,   50 c. p.

— de la dette publique. *Voyez* inscription.

ÉLECTION de command. *Voyez* déclaration de command.

ÉMANCIPATION. *par émancipé.* F. a. 68, §. 4, n. 2,   5 f. f.

ENCHÈRES. *Voyez* soumission.

ENDOSSEMENS de rescriptions, mandats et ordonnances de payement sur les caisses publiques. F. a. 70, §. 3, n. 4,   exempts.

— d'effets négociables. F. a. 70, §. 3, n. 15,   exempts.

— d'une simple obligation. F. a. 69, §. 3, n. 3,   1 f. p.

ENGAGEMENS d'immeubles. *Sur les prix et sommes pour lesquels ils sont faits.* F. a. 69, §. 5, n. 5,   2 f. p.

— militaires et de gens de mer. F. a. 70, §. 3, n. 13,   exempts.

ENRÔLEMENS militaires. F. a 70, §. 3, n. 13,   exempts.

ÉTATS de dettes et effets mobiliers à annexer aux donations. F. a. 68, §. 1, n. 51,   1 f. f.

— d'effets mobiliers à joindre aux décl. de succession. F. a. 27,   exempts.

A joindre aux déclarations des tiers-saisis. I. g. n.° 1097,   1 f. f.

EXPÉDITION d'acte enregistré, délivrée par le dépositaire. F. a. 8, exempte.

— des ordonnances et procès-verbaux des officiers de l'état civil, fixant le jour des assemblées préliminaires à mariage ou à divorce. F. a. 68, §. 2, n. 8,   2 f. f.

EXPLOITS. Les significations, celles des cédules, les commandemens, demandes, notifications, citations, offres, ne faisant pas titre au créancier et non-acceptées ; oppositions, sommations, procès-verbaux, assignations, protêts, interventions à protêts, protestations, publications et affiches, saisies, saisies-arrêts, séquestres, main-levées, et autres actes d'huissiers non-sujets au droit proportionnel ; SAVOIR :

Devant les *prud'hommes.* A. a. 41, n. 2,   50 c. f.

Devant les *juges de paix.* F. a. 68, §. 1, n. 30,   1 f. f.

Devant les *tribunaux de première instance et de commerce.* A. a. 43, n. 13,   2 f. f.

Devant les *cours royales.* A. a. 44, n. 7,   3 f. f.

Devant la *cour de cassation* et le *conseil.* A. a. 45, n. 1,   5 f. f.

Ceux en matière de simple police ou de police correctionnelle, et ceux en matière criminelle devant les cours royales à la requête des parties. J.¹ a. 5948,   1 f. f.

Ceux ayant pour objet le recouvrement des contributions publiques

et locales, des sommes dues à l'état et de celles dues pour mois de
nourrices, quand la somme n'excède pas 100 f. J. a. 6,   gratis.

Si elle excède. J. a. 6,   1 f. f.

Les *déclarations* et *significations d'appel* des jugemens des *juges de
patx.* F. a. 68, §. 4, n. 3,   5 f. f.

De ceux des *tribunaux civils*, de commerce et *d'arbitres.* F. a.
68, §. 5,   10 f. f.

De ceux de *police correctionnelle*, lorsque l'appelant est empri-
sonné. Ms. a. 74,   en débet.

Premier acte de recours en cassation ou au *conseil.* A. a. 47,
n. 1,   25 f f.

*Pour tous les exploits ci-dessus, il est dû un droit pour chaque
demandeur ou défendeur, excepté les copropriétaires, cohéritiers,
parens réunis, cointéressés, associés ou solidaires, séquestres, experts et témoins, si leurs qualités sont exprimées.* F. a. 68, §. 1,
n. 30, et V9. a. 13.

Pour les actes concernant l'état civil. *Voyez* act. jud. n.º 33.

Les *significations d'avoué à avoué, en première instance. Par avoué*
demandeur ou défendeur. A. a. 41, n. 1,   50 c. f.

Devant les *cours royales. Par avoué demandeur ou défendeur.*
A. a. 42,   1 f. f.

D'avocat à avocat, en cassation et au *conseil. Par avocat demandeur ou défendeur.* A. a. 44, n. 11,   3 f. f.

Les actes et procès-verbaux des huissiers, gendarmes, préposés et
gardes (non de particuliers), concernant la police ordinaire et la répression des délits et contraventions aux réglemens généraux de police et
d'impositions, sans partie civile poursuivante. Ms. a. 74,
    en débet, sauf le recouvrement sur les condamnés.

Les actes des huissiers et gendarmes (*V.* act. jud. n. 32) concernant la police générale et de sureté et la vindicte publique. F. a.
70, §. 2, n. 3,   gratis.

EXTRAIT d'acte enregistré, donné par le dépositaire. F. a. 8,   exempt.

— de rôle des contributions. F. a. 70, §. 3, n. 6,   exempt.

— de naissance, mariage et décès. F. a. 70, §. 3, n. 8,   exempt.

FACTURE signée du vendeur seul. F. a. 68, §. 1, n. 51,   1. f. f.

FRACTION. La perception du droit proportionnel suit les sommes et valeurs
de 20 en 20 f. inclusivement et sans fractions. V9. a. 2.

GARANTIE mobilière. *Voyez* cautionnement.

GROSSE. *Voyez* expédition.

INDEMNITÉ. *Voyez* cautionnement.

INSCRIPTIONS sur le grand livre de la dette publique, et tout ce qui y
a rapport. F. a. 70, §. 3, n. 3,   exemptes.

INVENTAIRE. *Par vacation de 3 à 4 heures.* F. a. 68, §. 2, n. 1,   2 f. f.

JUGEMENS. *Voyez* actes judiciaires.

LÉGALISATION de signature d'officier public. F. a. 70, §. 3, n. 11, exempte.

LÉGITIMATION. *Voyez* reconnaissance d'enfant.

LEGS. *Voyez* successions et donations.

LETTRES de change, tirées de place en place. A. a. 50,   50 c. p.

— missives. A. a. 43, n. 14,   2 f. f.

— de voiture. *Par expédié.* F. a. 68, §. 1, n. 20,   1 f. f.

— de crédit. F. a. 69, §. 3, n. 3,   1 f. p.

LETTRES PATENTES. A. a. 55,

Renouvellement de lettres-patentes portant { de comte.   20 f. f.
confirmation du même titre, et change- { de baron.   10 f. f.
ment d'armoieries. { de chevalier,   3 f. f.

Collation du titre héréditaire de { marquis et comte.   1200 f. f.
                                   { vicomte.   800 f. f.
                                   { baron.   600 f. f.

Lettres patentes de chevalier.   12 f. f.
Lettres de noblesse.   120 f. f.
Grandes lettres de naturalisation.   gratis.
Lettres de déclaration de naturalité.   20 f. f.
Autorisation de se faire naturaliser ou de servir à l'étranger.   100 f. f.
Dispenses d'âge pour mariage.   20 f. f.
Idem aux indigens. Mai. a. 77.   gratis.
Dispense de parenté pour mariage.   40 f. f.

Lettres portant renouvellement d'anciennes { 1.re classe.   30 f. f.
  armoiries pour les villes de   { 2.me classe.   20 f. f.
                                            { 3.me classe.   10 f. f.

Lettres accordant des armoiries aux villes de { 1.re classe.   120 f. f.
                                              { 2.me classe.   80 f. f.
                                              { 3.me classe.   40 f. f.

Outre le droit de sceau, que perçoit le conseil du sceau, et qui est de cinq fois ces droits d'enregistrement.

Collation au titre de duc.   3000 f. f.

LEVÉE de scellés. *Par vacation de 3 à 4 heures.* F. a. 68, §. 2, n. 3,   2 f. f.

LIBÉRALITÉ. *Voyez* donations et testament.

LIBÉRATION. *Voyez* quittance.

LICITATION de biens indivis. Sur ce qu'on acquiert au delà de sa part dans la *totalité*, outre le droit de partage, s'il s'agit de *meubles*. F. a. 69, §. 5, n. 6,   2 f. p.

S'il s'agit d'*immeubles*, et que la part acquise l'est par *un cohéritier, codonataire ou copropriétaire au même titre.* F. a. 69, §. 7, n. 4, et I. g. n.° 1150, §. 8,   4 f. p.

Mais si l'acquisition est faite par toute autre personne. F. a. 69, §. 7, n. 4, et A. a. 54,   5. f 50 c. p.

LIQUIDATION fixant seulement les droits des parties. F. a. 68, §. 1, n. 51.   1 f. f.

Si elle contient partage. *Voyez* ce mot.

MAIN-LEVÉE, par acte civil. A. a. 43, n. 7,   2 f. f.

Voyez exploit et actes judiciaires.

MANDAT d'amener ou d'arrêt. F. a. 70, §. 3, n. 9,   exempt.

MANDEMENT de payer. F. a. 69, §. 3, n. 3,   1 f. p.

— sur les caisses publiques. F. a. 70, §. 3, n. 4,   exempt.

MARCHÉS. *Voyez* actes administratifs, adjudication au rabais et vente.

MARIAGE (acte de). F. a. 70, §. 3, n. 8,   exempt.

MERCURIALES. A l'égard des rentes, pensions et baux payables en grains et denrées dont la valeur est déterminée par les mercuriales, et pour les donations et déclarations de succession, lorsque de pareils baux servent à établir le revenu, le droit se liquide d'après le prix moyen (*V.* page 50). Mai. a. 75.

Pour les objets dont le prix n'est pas réglé par les mercuriales, les parties font une déclaration estimative. F. a. 14, n. 9.

MINIMUM des droits d'enregistrement des actes et mutations. V9. a. 3, 25 c.

— des actes judiciaires. F. a. 69, §. 2, n. 9,   droit fixe.

MUTATION d'immeubles en propriété ou usufruit. Est bien établie pour la demande des droits, par les actes qui la constatent, des baux ou l'inscription au rôle et payemens de contributions. F. a. 12.

A défaut d'acte, la déclaration faite dans les trois mois de l'entrée en possession, ne doit que le simple droit. V9. a. 4.

Il en est de même pour les engagemens d'immeubles. F. a. 13.

NAISSANCE (acte de). F. a. 70, §. 3, n. 8, — exempt.

NANTISSEMENT. *Voyez* engagement.

NATURE (redevances payables en). *Voyez* mercuriales.

NOMINATION d'arbitres. *Voyez* compromis.

— d'experts hors jugement. A. a. 43, n. 15, — 2 f. f.

— de tuteurs ou curateurs. A. a. 43, n. 4, — 2 f. f.
    Voyez tutelle officieuse.

— de gardes de particuliers. F. a. 68, §. 1, n. 51, — 1 f. f.

— de gardes forestiers ruraux et champêtres, par l'administration publique. F. a. 70, §. 3, n. 2, — exemptes.

NOTORIÉTÉ (acte de). A. a. 43, n. 2, — 2 f. f.

OBLIGATION de sommes, sans libéralité, ou qu'elle soit le prix d'une vente. F. a. 69, §. 3, n. 3, — 1 f. p.

— à la grosse aventure, ou pour retour de voyage. F. a. 69, §. 2, n. 10, — 50 c. p.

ORDONNANCE de payement sur les caisses publiques. F. a. 70, §. 3, n. 4, — exempte.

— de décharge, réduction, remise ou modération d'impositions. F. a. 70, §. 3, n. 6, — exempte.

PARAPHE. *Voyez* procès-verbaux.

PARTAGE de biens indivis. A. a. 45, n. 3, — 5 f. f.
    S'il y a retour et qu'il s'agit de meubles. *Sur la soulte.* F. a. 69, §. 5, n. 7, — 2 f. p.
    S'il s'agit d'immeubles et que le partage se fait entre *cohéritiers, codonataires ou copropriétaires au même titre.* F. a. 69, §. 7, n. 5, 4 f. p.
    Mais si c'est entre autres personnes. Idem et A. a. 54, — 5 f. 50 c. p.

— sans soulte, assignant la propriété à l'un, l'usufruit à l'autre. Inst. gén. n. 775, — 5 f. f.

— entre l'état et les particuliers, et actes relatifs. F. a. 70, §. 2, n. 1, gratis.

PASSEPORTS. F. a. 70, §. 3, n. 13 et 14, — exempts.

PIGNORATIF. *Voyez* engagement d'immeubles.

PLURALITÉ des droits. *Voyez* actes contenant plusieurs dispositions.

POLICE d'assurance. *Voyez* assurance.

POUVOIR. *Voyez* procuration.

PRESTATION DE SERMENT, *pour entrer en fonctions*, des greffiers et huissiers des juges de paix, gardes des douanes, forestiers, champêtres et des barrières. F. a. 68, §. 3, n. 3, et V9. a. 14, — 3 f. f.

— des salariés de l'état et des employés des maisons centrales de détention, recevant moins de 500 f. par an. Inst. gén. n.° 785, — 3 f. f.

— des mêmes, recevant plus de 500 f. par an, et des notaires, avoués, greffiers et huissiers des tribunaux. F. a. 68, §. 6, n. 4, et V9. a. 14, — 15 f. f.

PRISE de possession en vertu d'acte enregistré. F. a. 68, §. 1, n. 33, 1 f. f.

PRISÉES de meubles. F. a. 68, §. 1, n. 34, — 1 f. f.

PROCÈS-VERBAUX et rapports des employés, gardes, commissaires, séquestres, experts et arpenteurs. A. a. 43, n. 16, — 2 f. f.

— des délits et contraventions aux réglemens généraux de police et d'impositions. F. a. 68, §. 1, n. 50, — 1 f. f.
    Au surplus, *Voyez* actes judiciaires n.°¹ 31 et 34.

— des douaniers, constatant la destruction de marchandises avariées. Loi du 21 avril 1818, a. 56, — 1 f. f.

— de carence des juges de paix. I. g. n.° 1104. — 1 f. f.

PROCURATION, sans stipulation donnant lieu au droit proportionnel. *Par constituant non cohéritier, coassocié ou copropriétaire, et par constitué, pouvant agir séparément;* A. a. 43, n. 17,   2 f. f.

PROMESSE d'indemnité indéterminée et non-susceptible d'estimation. A. a. 43, n. 18,   2 f. f.

— de payer. F. a. 69, §. 3, n. 3,   1 f. p.

— de vente signée des parties.   droit de vente.

PROROGATION de délai de payement. F. a. 68, §. 1, n. 6 et 51,   1 f. f.

PROTÊT *devant notaire.* F. a. 68, §. 1, n. 51,   1 f. f.

QUITTANCE et actes libérant de sommes et valeurs mobilières. *Sur ce dont on libère.* (il serait dû deux droits si par suite d'une acquisition dont le prix n'a pas été délégué, l'acquéreur payait aux créanciers du vendeur en sa présence et de son consentement. I. g. n. 1146, §. 12.) F. a. 69, §. 2, n. 11,   50 c. p.

— de contributions, droits, créances et revenus payés à l'état; des charges locales; et celles des salariés de l'état pour leurs traitemens. F. a. 70, §. 3. n. 5,   exemptes.

— de prêt et fourniture à des militaires et marins. Idem a. 13, exemptes.

— de remise d'impositions. F. a. 70, §. 3, n. 6,   exemptes.

RABAIS. *Voyez* adjudication au rabais.

RACHAT de rente. *Voyez* remboursement.

RAPPORTS. *Voyez* procès-verbaux.

RATIFICATION pure et simple d'acte en forme. F. a. 68, §. 1, n. 38, 1 f. f.

RÉCÉPISSÉS de pièces. A. a. 43, n. 8,   2 f. f.

— donnés aux percepteurs et receveurs de deniers publics et contributions locales. F. a. 70, §. 3, n. 7.   exempts.

RECHERCHE. *Par année indiquée.* F. a. 58, 1 f. f.; plus 50 c. *par extrait.*

RECONNAISSANCE pure et simple sans obligation ni quittance. A. a. 43, n. 19,   2 f. f.

— portant obligation et dépôt de sommes *chez des particuliers.* F. a. 69, §. 3, n. 3,   1 f. p.

— de chargement par mer. *Voyez* connaissement.

— d'enfant naturel, par acte de mariage. A. a. 43, n. 22,   2 f. f.

    Autrement. A. a. 45. n. 7,   5 f. f.

    Par des indigens. Mai. a. 77,   gratis.

— de rente. *Voyez* titre nouvel.

— de bestiaux. *Voyez* bail à cheptel.

REMBOURSEMENT ou rachat de rente et redevance. *Sur le capital remboursé ou racheté.* F. a. 69, §. 2, n. 11,   50 c. p.

RÉMÉRÉ. *Voyez* retrait et vente.

REMISE de pièces. *Voyez* décharge.

— de dettes. *Voyez* quittance.

REMPLOI. *Voyez* déclaration.

RENONCIATION pure et simple, par acte civil, à succession, legs ou communauté. *Par renonçant et succession.* F. a. 68, §. 1, n. 1,   1 f. f.

REPRÉSENTATION de personnes. *Voyez* cautionnement.

RÉPUDIATION. *Voyez* renonciation.

RESCRIPTION. *Voyez* acquit.

RÉSILIEMENT pur et simple, fait par acte authentique, dans les 24 heures de l'acte résilié. A. a. 43, n. 20,   2 f. f.

RETOUR ou soulte. *Voyez* échange et partage.

RÉTRACTATION. A. a. 43, n. 21,   2 f. f.

RETRAIT exercé dans les délais. F. a. 69, §. 2, n. 11,   50 c. p.

    Après le délai stipulé, ou 5 ans.   droit de vente.

RÉTROCESSION. *Voyez* bail et vente.

RÉUNION d'usufruit à la propriété, si elle s'opère sans acte. F. a. 15, n. 6.   exempte.

Par acte , si le prix n'est pas supérieur à celui sur lequel le droit
a été perçu lors de l'aliénation de la propriété. A. a. 44, n. 4,   3 f. f.

Plus , sur le prix stipulé, si ce droit n'a pas été perçu sur l'acte qui
a conféré la propriété. A. a. 54,   1 f. 50 c. p.

S'il est supérieur. *Sur l'excédant.* F. a. 15, n. 6,
                                          supplément de droit de vente.

— de la propriété à l'usufruit. Si le droit a déjà été payé pour l'usufruit,
le droit de vente n'est alors dû que sur la valeur de la propriété.
F. a. 15, n. 8.

REVENTE. *Voyez* vente et adjudication à la folle enchère.

RÉVOCATION et rétractation. A. a. 43 , n. 21 ,   2 f. f.

RÔLE et extrait de rôle d'imposition. F. a. 70, §. 3, n. 6,   exempt.

— d'équipages. F. a. 70, §. 3, n. 13,   exempt.

SAISIE BRANDON.

SAISIE EXÉCUTION.   } *par séance.* J.al a. 7425,   2 f. f.

SAISIE IMMOBILIÉRE.

SERMENT. *Voyez* prestation de serment.

SOCIÉTÉ (acte de), sans obligation, libération ni transmission de biens.
A. a. 45 , n. 2,   5 f. f.

SOULTE ou retour. *Voyez* échange ou partage.

SOUMISSIONS et enchères, hors justice, et par actes séparés. F. a. 68,
§. 1, n. 43,   1 f. f.

SOUS BAIL. *Voyez* bail.

SUBROGATION de bail. *Voyez* bail.

SUBSTITUTION de pouvoir. *Voyez* procuration.

SUBVENTION du dixième. Est perçue en sus des droits d'enregistrement.
Loi du 6 prairial an 7. a. 1.

SUCCESSION (droit de). Il se perçoit 1.º *pour la propriété des meubles ,*
Sur l'évaluation donnée, sans distraction de charges ; 2.º *pour celle*
des immeubles , sur 20 fois le revenu , aussi sans distraction de
charges ; 3.º *pour les usufruits , sur moitié seulement. Voyez*
mercuriales.

Toutefois , et selon le cas, les reprises s'ajoutent ou se distraient
des biens de communauté. I. g. n.ºs 809 et 1146.

En ligne directe..	*Mobilier.* F. a. 69, §. 1, n. 3,		25 c. p.
	Immeub. Id. §. 3, n. 4,		1 f. p.
Entre époux....	*Mobilier.* A. a. 53,		1 f. 50 c. p.
	Immeub. Id.		3 f. p.
Entre collatéraux.	*Mobilier.* Id.		2 f. 50 c. p.
	Immeub. Id.		5 f. p.
Entre étrangers..	*Mobilier.* Id.		3 f. 50 c. p.
	Immeub. Id.		7 f. p.

Les époux survivans et enfans naturels appelés à défaut de collaté-
raux, sont considérés comme étrangers. A. a. 53.

Pour les legs en faveur des départemens , hospices , etc. *Voyez*
donations.

SURENCHÉRE. *Voyez* enchère.

TESTAMENS et actes de libéralité, dont les dispositions sont soumises à
l'évènement du décès. A. a. 45 , n. 4,   5 f. f.

TITRE clérical. *Voyez* donation.

— nouvel et reconnaissance de rente, dont le contrat est justifié en forme.
A. a. 44 , n. 5,   3 f. f.

TRAITÉ qui contient obligation de sommes ou valeurs mobilières. F. a.
69, §. 3, n. 3,   1 f. p.

— contenant cession d'objets mobiliers. *Voyez* vente.

TRANSACTIONS, sans stipulation de sommes et valeurs , et dispositions sujettes à plus fort droit. A. a. 44, n. 8,   3 f. f.

TRANSCRIPTION (droit de). *Sur les sommes passibles du droit d'enregistrement.* A. a. 54,   1 f. 50 c. p.

N². Ce droit a été ajouté aux droits d'enregistrement , lorsqu'il y avait lieu de le percevoir en même tems.

Alors la formalité ne doit plus que le droit fixe. A. a. 61 ,   1 f. f.

TRANSFERT d'inscription. *Voyez* inscription.

TRANSMISSION verbale. *Voyez* mutation.

TRANSPORT. *Voyez* cession.

TUTELLE officieuse (acte de). A. a. 48 , n. 1,   50 f. f.

UNION et direction de créanciers. F. a. 68 , §. 3, n. 6,   3 f. f.

Plus le droit d'obligation, s'il y a lieu.

USUFRUIT. *Voyez* donation , réunion, succession et vente.

VALEURS. Si les sommes et valeurs ne sont pas déterminées dans un acte ou jugement donnant lieu au droit proportionnel , les parties sont tenues d'y suppléer avant l'enregistrement , par une déclaration estimative , certifiée et signée au pied de l'acte. F. a. 16.

VENTES, reventes, cessions, rétrocessions, marchés , traités et actes translatifs de propriété *d'objets mobiliers* à titre onéreux. *Sur le prix exprimé et les charges.* F. a. 69, §. 5, n. 1,   2 f. p.

Voyez adjudications à la folle enchère.

— de marchandises avariées sur mer , faites sous la surveillance du receveur des douanes. Loi du 21 avril 1818, a. 56,   1 f. f.

— publiques de marchandises , par les courtiers de commerce , d'après autorisation. Mai. a. 74,   50 c. p.

— de navire. Loi du 21 avril 1818, a. 64, et I. g. n. 1132,   1 f. f.

VENTES, reventes, cessions, rétrocessions, et autres actes translatifs de propriété ou d'usufruit de biens *immeubles* à titre onéreux. *sur le prix exprimé et les charges.* A. a. 52,   5 f. 50 c. p.

La réserve d'usufruit est évaluée à la moitié du prix de la vente de la propriété , et le droit est perçu sur le total. F. a. 15, n. 6,

Voyez adjudication à la folle enchère.

— à réméré. A. a. 52,   5 f. 50 c. p.

— verbales. *Voyez* mutations.

— de meubles et immeubles par le même acte, s'il n'est stipulé un prix particulier pour les meubles, et s'ils ne sont désignés et estimés, article par article. F. a. 9 et A. a. 52,   5 f. 50 c. p.

— entre cohéritiers , codonataires ou copropriétaires , *au même titre*. *Voyez* licitation.

— de domaines de l'état. V 7 et 16 floréal 10 ,   2 f. p.

— au profit des départemens, arrondissemens, communes, hospices, séminaires, fabriques, congrégations religieuses, consistoires et établissemens publics légalement autorisés , lorsque les *immeubles* acquis devront recevoir une destination d'utilité publique, et ne pas produire de revenu. J. a. 7,   10 f. f.

Si la valeur du bien n'excède pas 500 f. J. a. 7,   1 f. f.

— au profit des congrégations hospitalières. Décret du 8 février 1809, 1 f. f.

— au profit de l'état. *Voyez* acquisitions.

— de biens dits nationaux, par le propriétaire actuel à *l'ancien propriétaire dépossédé ou ses héritiers*, pendant cinq ans seulement. Loi du 4 mai 1825, a. 22,   3 f. f.

DROITS EN SUS ET AMENDES.

NOTA. Les amendes, telles qu'elles sont ici réduites par la loi du 16 juin 1824, sont distinguées de celles auxquelles elle n'a rien changé, par des astérisques.

Loi du 22 Frimaire an 7, sur l'Enregistrement.

Articles.

33. Enregistrément après délai d'acte notarié.
   10 f. ou le double droit, si le droit prop. excède 50 f. *
34. Exploits ou procès-verbaux sujets au droit fixe, non présentés dans le délai.   5 f. *
 — Idem. Sujets au droit proportionnel.
   10 f. ou le double droit, si le droit prop. excède 50 f. *
35 et 36. Actes judiciaires et administ. présentés après délai. Double droit.
37. Défaut de remise d'extraits par les greffiers et secrétaires, quand les parties ne consignent pas les droits.   10 f. *
38. Acte sous seing privé ou testament présenté après délai. Double droit.
39. Succession déclarée après délai. Demi droit en sus.
39. Omission ou insuffisance d'évaluation du revenu dans une déclaration de succession. Double droit.
40. Contre-lettre. Triple droit.
41 et 42. Brevet non enregistré ; copie, annexe, dépôt, expédition ou extrait d'acte non enregistré ou acte fait en conséquence. 10 f. *
43. Acte reçu en dépôt sans acte de dépôt. 10 f. *
44 et 45. Défaut de mention ou copie des quittances de droits. 5 f. *
49. Omission ou intercallation sur un répertoire. 5 f. *
51. Retard à le présenter au visa. 10 f. *
52 et 54. Refus de communication de répertoires, minutes ou registres. 10 f. *
55. Retard dans la remise des états de décès. 10 f. *
57. Défaut de détail dans une quittance de droits. 5 f. *

Loi du 27 Ventôse an 9, sur l'Enregistrement.

5. Dissimulation de prix ou de valeur. Double droit.

Loi du 28 Avril 1816, sur l'Enregistrement.

57. Titre non enregistré avant une demande judiciaire. Double droit.

Loi du 13 Brumaire an 7, sur le Timbre.

26. Emploi du papier non timbré. Par les particuliers. 5 f. *
 — par les officiers et fonctionnaires publics. 20 f. *
26. Emploi de papier non débité par la régie. 20 f. *
26. Expédition sur papier d'un timbre au-dessous de 1 f. 25 c. 10 f. *
26. — contenant trop de lignes à la page. 5 f. *
26. Empreinte du timbre altérée. 5 f. *
26. Emploi de papier ayant déjà servi. 20 f. *
26. Acte fait ou expédié à la suite d'un autre. 20 f. *
26. — fait en conséquence d'un acte non timbré. 20 f. *
26. Enregistrement d'acte ou de protêt d'effets non timbrés. 10 f. *

Articles.
26. Effet sur papier libre.

      20.ᵉ de son montant sans pouvoir être inférieure à 5 f. *
— sur un timbre insuffisant.   20.ᵉ
de son montant; mais seulement sur la somme sensée être sur papier libre. *

27. Distribution clandestine de papier timbré.

      20 f. et 60 f. en cas de récidive. *
30. Ecrit produit en justice sans être timbré.   5 f. *

Loi du 28 Avril 1816, sur le Timbre.

69. Affiches, annonces ou avis non timbrés. Contre l'imprimeur.   50 f. *
69. — Contre l'afficheur ou distributeur.   20 f. *
72. Livre de commerce non timbré.   50 f. *

Loi du 27 Mars 1817, sur le Timbre.

77. Affiches imprimées sur papier blanc.   20 f. *

Loi du 21 Ventôse an 7, sur les droits de Greffe.

11. Expédition délivrée par le greffier avant que le droit soit payé.   20 f. *
23. S'il exige des parties plus qu'il doit.   20 f. *

Loi du 22 Pluviôse an 7, sur les ventes publiques de meubles.

7. Défaut de déclaration préalable.   20 f. *
7. — de transcription de cette déclaration.   5 f. *
7. Article de vente omis.   20 f. *
7. Altération de prix.   20 f. *
7. Prix énoncé en chiffres.   5 f. *
7. Vente faite sans officier public.   50 f. à 1000 f.

Loi du 25 Ventôse an 11, sur le Notariat.

12. Défaut d'énonciation des noms et résidences des notaires.   20 f. *
13. Abréviations, blancs, lacunes, défaut d'énonciation des noms, qualités et demeures des parties et des témoins; sommes et dates mises en
chiffres; défaut de mention de la lecture des actes aux parties; procu-
rations non annexées.   20 f. *
16. Additions, interlignes, ratures, surcharges et mots rayés mal ap-
prouvés.   10 f. *
17. Clauses et expressions abolies; défaut d'énonciation des mesures métri-
ques et des numérations décimales.   20 f. et 40 f. en cas de récidive. *
23 Expédition délivrée, ou communication donnée à d'autres qu'aux parties intéressées.   20 f. *
57. Retard dans la remise des minutes et répertoires des notaires.

      100 f. par mois.

Code de Commerce.

68. Défaut de dépôt d'extraits de contrats de mariage des commerçans. 100 f.

Loi du 16 Floréal an 4, sur le dépôt annuel, au Greffe, du double des répertoires.

1. Retard à effectuer ce dépôt.   10 f. *

Loi du 1.ᵉʳ Brumaire an 7, sur les Patentes.

37. Défaut de mention de patente.   50 f. *

Arrêté du 10 Floréal an 11.

Défaut de consignation des amendes d'appel.   50 f. *

Décret du 29 Août 1813.

1. Copies signifiées par les huissiers d'actes illisibles, ou contenant trop de
lignes à la page.   5 f. *

MEMENTO DU RECEVEUR,

ou

NOMENCLATURE DES ÉTATS ET AUTRES PIÈCES PÉRIODIQUES QU'IL A A FOURNIR.

PAR MOIS.

Bordereau des recettes et dépenses du mois. I. g. n.º 971.
État des recettes et dépenses faites pour le compte de l'hôtel royal des invalides.
Inventaire des pièces de dépenses concernant le trésor, sur l'exercice courant. I. g. n.º 971.
   Sur l'exercice précédent. I. g. n.º 971.
Inventaire des pièces de dépenses concernant les invalides. I. g. n.º 971.
Inventaire des pièces justificatives des avances pour frais de justice criminelle. I. g. n.º 971.
Inventaire des dépenses pour le service forestier. I. g. n.º 971.
Pièces de dépenses (enliassées et étiquetées). I. g. n.º 971.
État des dépenses urgentes à ordonnancer. I. g. n.º 1151.

PAR TRIMESTRE.

Projet de relevé de procès-verbaux.
Relevé des procès-verbaux. I. g. n.º 971.
État des recettes et dépenses faites pour le compte de l'hôtel royal des Invalides.
État de la débite du timbre. I. g. n.ºˢ 971 et 1010.
État de la débite des passeports et permis de port d'armes. I. g. n.º 971.
Bordereau des salaires des conservateurs. Circ. du 7 juin 1809.
Bordereau des remises extraordinaires sur la vente de 300,000 hectares de bois. I. g. n.º 669.
État du recouvrement des rentes.
État des amendes de grande voirie. I. g. n.º 801.
État des amendes de contravention aux réglemens de l'université. I. g. n.º 906.
État de situation du recouvrement des condamnations forestières. I. g. n.º 813.
État de recouvrement des amendes de roulage. I. g. n.º 345.
État des frais de justice. I. g. n.ºˢ 361, 796 et 975.
État des taxes abusives. I. g. n.ºˢ 361 et 975.
État des frais de justice militaire. Circ. du 4 juin 1812.
État des ventes d'effets inutiles au service de la guerre. I. g. n.º 975.
État des ventes d'objets inutiles au service de la marine. I. g. n.º 975.
État des liquidations entre le trésor et les communes. I. g. n.ºˢ 756, 853 et 975.
Copies des sommiers.

Tableau de situation des sommiers, et précis. Circ. du 22 mars 1808.
Renvois du précédent trimestre consignés. Circ. du 22 mars 1808.
Renvois du trimestre. I. g. n.º 136.
Relevé des enregistremens en débet dont les droits sont à recouvrer dans d'autres bureaux. I. g. n.º 607.
Relevé des actes contenant des dispositions en faveur des hospices, ou certificat négatif. I. du 3 pluv. 13.
État des pensionnaires de la direction générale.
État nominatif des maires qui n'ont pas fourni les notices de décès.
Transcription des mémoire d'ordre et lettre de contre tournée.
Reconnaissances des registres et impressions reçues.
Demande de papiers timbrés.
Demande de certificats de vie.
Demande de registres et impressions. Lettre de l'administration du 19 décembre 1814.
État des certificats d'insolvabilité à fournir à l'appui des demandes d'annullation. I. g. n.º 506.
Le dernier jour du premier mois de chaque trimestre, état, sur le registre des actes civils, des maires qui ont remis les notices de décès.
Le premier jour de chaque trimestre, informer l'inspecteur du chef-lieu du département du nombre de quittances délivrées pendant le trimestre expiré pour permis de port d'armes.

PAR ANNÉE.

Procès-verbal des valeurs en caisse au 31 décembre. I. g. n. 962.
Compte des recettes et dépenses. I. g. n.º 971.
Inventaire des pièces de dépense. I. g. n.º 971.
Compte des recettes et dépenses pour les invalides.
État de la débite des papiers timbrés. I. g. n.º 971.
État des papiers timbrés restans au 31 décembre. I. g. n.º 971.
État de la débite des passeports. I. g. n. 971.
État des passeports restans au 31 décembre. I. g. n.º 971.
État des passeports délivrés aux indigens.
Accusés de crédit. I. g. n.º 971.
Quittance des remises. I. g. n.º 1060.
Quittance générale des remises de 5 pour 100 pour la recette des invalides.
État du produit des adjudications des coupes de bois de la caisse d'amortissement. I. g. n.º 975.
État du produit des bois affermés ou affectés aux usines. I. g. n.º 975.
État du produit des coupes ordinaires des bois des communes et des établissemens publics. I. g. n.º 975.
État des coupes extraordinaires. I. g. n.º 975.
États des amendes 1.º de police correctionnelle, 2.º municipale et rurale. I. g. n.º 1122.
État des ports de lettres. I. g. n.º 1116.
État des lettres écrites. I. g. n.º 1116.
État des recettes sur les loyers des batimens et terreins militaires. I. g. n.º 1095.
État des sommes dues par les communes et établissemens publics pour avances de frais de poursuite. I. g. n.º 1001.
Tableau du prix moyen des grains et denrées. I. g. n.º 834.

CONTINUATION.

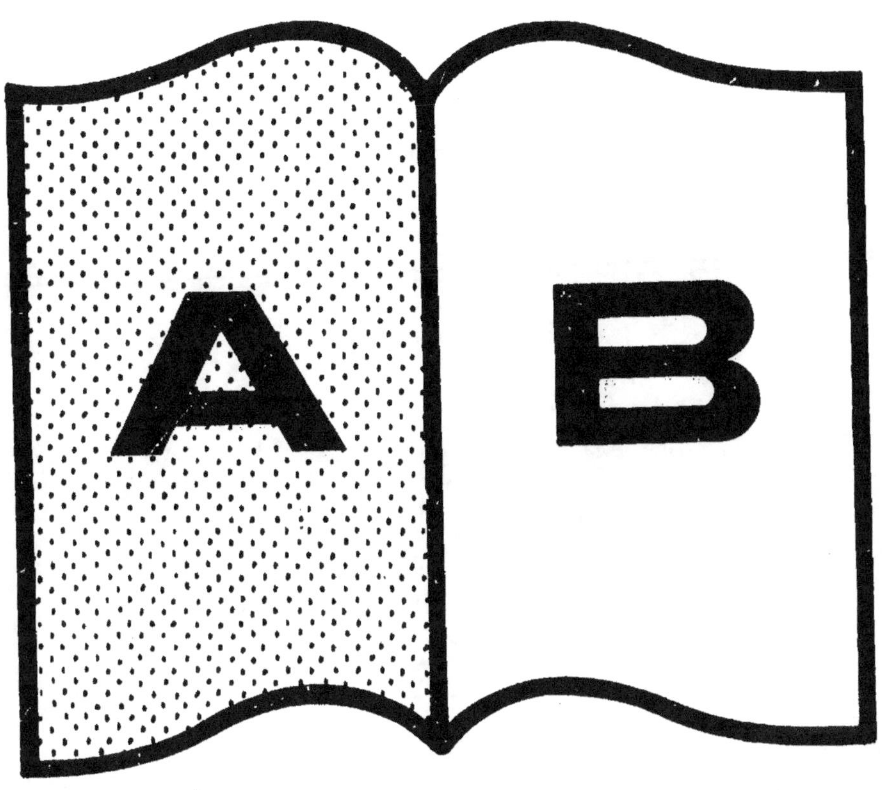

Contraste insuffisant

NF Z 43-120-14